Studien zu Literatur und Film der Gegenwart
Band **8**

Leben ist Kommunikation und Kommunikation ist Leben, Kommunikation macht den Menschen aus und begründet seine Freiheit. Wer wissen will, welche Möglichkeiten Kommunikation bereitstellt, der ist gut beraten, sich auch mit Literatur und Film zu beschäftigen. Literatur und Film konstruieren, reflektieren, kommentieren, verfremden, entwerfen Wirklichkeit(en), sie haben den Vorzug, dabei nicht an die Regeln der Realität gebunden zu sein.

Die Reihe konzentriert sich auf das, was uns heute am nächsten ist – die Literatur und den Film der Gegenwart. Sie bezieht dabei nicht nur als besonders künstlerisch geltende Arbeiten, sondern populäre Lese- und Filmstoffe, auf Spannung und Unterhaltung zielende Texte und Filme ebenso mit ein. Die von den Arbeiten der Reihe diskutierten Filme und Texte werden als einschlägig angesehen für den Literatur- und Filmbetrieb der Gegenwart und damit auch für die Gesellschaft und die Zeit, in der sie entstanden sind und rezipiert werden.

Vorschläge für die Reihe sind jederzeit gern willkommen.

Reihenherausgeber: Univ.-Prof. Dr. Stefan Neuhaus
Universität Koblenz-Landau, Standort Koblenz, Universitätstr. 1, 56070 Koblenz
neuhaus@uni-koblenz.de

Ich, zerfasert.

Postmoderne Pop-Identitäten in Christian Krachts Roman *Faserland*

von

Anja Larch

Tectum Verlag

Anja Larch

Ich, zerfasert.
Postmoderne Pop-Identitäten in Christian Krachts Roman *Faserland*
Studien zu Literatur und Film der Gegenwart, Band 8
ISBN: 978-3-8288-3250-3
ISSN: 2195-1314

Besuchen Sie uns im Internet
www.tectum-verlag.de

Bibliografische Informationen der Deutschen Bibliothek
Die Deutsche Bibliothek verzeichnet diese Publikation in der Deutschen Nationalbibliografie; detaillierte bibliografische Angaben sind im Internet über http://dnb.ddb.de abrufbar.

Dear Mr. Kracht, [...]

in my review I was trying to talk about the strange emptiness I felt in your book – and I never meant the emptiness of the plot or anything like that. I was talking about some inner vacuum of every human being. This emptiness, it seemed to me, can be filled with different kind of things – with adherence to certain fashion trends, or with some political ideas, with anything at all, it does not matter much. Maybe this isn't what you wrote about, but that's how I read your book.

(Christian Kracht: New Wave. S. 53f)

Vielleicht hat es so begonnen. Du denkst, du ruhst dich einfach aus, weil man dann besser handeln kann, wenn es soweit ist, aber ohne jeden Grund, und schon findest du dich machtlos, überhaupt je wieder etwas tun zu können. Spielt keine Rolle, wie es passiert.

(Samuel Beckett: Der Namenlose. FL S. 11)

Inhaltsverzeichnis

Siglenverzeichnis

Die behandelten Werke Krachts werden mit folgenden Siglen zitiert:

FL =	*Faserland.* 14. Aufl., München: dtv 2012.
1979 =	*1979.* 2. Aufl., Frankfurt am Main: Fischer 2012.
IWHS =	*Ich werde hier sein im Sonnenschein und im Schatten.* 2. Aufl., München: dtv 2012.
NW =	*New Wave.* 2. Aufl., München: dtv 2012.

Einleitung

,Sein oder Nichtsein?' – vielleicht ist in der aktuellen Gesellschaft nicht das die große Frage, sondern vielmehr ,*Wer* sein?'. Unzählige Möglichkeiten eröffnen sich seit Beginn der Postmoderne für das Individuum, um sie zu beantworten. Vorgefertigte Identitätsmuster zu übernehmen war gestern, ebenso wie sich allein durch Herkunft, Beruf oder sozialen Stand zu definieren. Heute leuchten die Schlagwörter ,individuelles Existenzdesign' und ,Bastel-Identität' – man hat endlich die große Freiheit, sich auszusuchen, wer man sein will, kann sich eine vielschichtige, individuelle Identität aus den unterschiedlichsten Bausteinen konstruieren.

Das Wort ,Identität' ist seit geraumer Zeit in aller Munde, vielleicht ja gerade weil sie zu einer Entscheidung geworden ist, die einem nicht mehr auferlegt wird, sondern die man bewusst treffen muss. Vielleicht auch, weil dadurch nicht mehr selbstverständlich ist, was denn nun Identität ausmacht. Auch wenn auf den ersten Blick jede/r zu wissen glaubt, was damit gemeint ist, wenn es um die Identität einer Person, eines Unternehmens oder eines ganzen Landes geht, erweist sich der Begriff bei genauerer Betrachtung als tückisch. Ist Identität das, was von einem Außen wahrgenommen wird oder das eigene Selbstverständnis? Ist Identität ein Image, das mit einem verbunden werden soll? Ist Identität ein Gefühl von Gruppenzugehörigkeit?

Nach Heiner Keupp ist die gesellschaftliche Verbreitung, die dieses Thema in den letzten Jahrzehnten erfahren hat, keinesfalls ein Zeichen für damit verbundenes gesichertes Wissen. Er sieht die Beschäftigung mit Identität vielmehr als eine Reaktion auf gesellschaftliche Umbruchs-, Befreiungs- und Verlusterfahrungen.[1] Die Frage ,Wer bin ich?' muss immer auch vor dem Hintergrund des Raumes, in dem man lebt und sich bewegt, gesehen werden. ,Wer bin ich in einer sozialen Welt, die sich stetig verändert?' muss man sich also fragen, woraus auch resultiert: ,Verändere ich mich mit ihr?'.

---

1 Vgl. Keupp u.a. (2008): S. 8.

Identität wird, so betrachtet, zur Nahtstelle zwischen Subjekt und Gesellschaft, sie beschreibt die Positionierung und Handlungsfähigkeit des/der Einzelnen darin.[2]

Was in der Gesellschaft in aller Munde ist, gelangt auch aufs Papier. Kunst nimmt sich ihre Stoffe aus der Realität, und geschehe dies auf noch so abstrakte Weise. So steigt mit der Konjunktur des Begriffs Identität in der Wirklichkeit auch die Häufigkeit, mit der er als Thema in der Literatur verhandelt wird. Schon in früheren Epochen standen das Individuum und sein Bewusstsein von sich im Zentrum vieler Romane. In der Gegenwartsliteratur erlebt diese Entwicklung eine Renaissance, ja wird auf die Spitze getrieben. Vergeblich versuchen dargestellte Figuren eine stabile Identität aufzubauen, was besonders angesichts der schier unbegrenzten Möglichkeiten in der westlichen Wohlstandsgesellschaft oft makaber anmutet.

Christian Kracht radikalisiert in seinem Werk diese Sinn- und Identitätssuche des postmodernen ‚Ego-Ichs', das mit einem Gestus des ‚Alles-Schon-Da-Gewesen' nur noch an der Oberfläche der Welt entlang schlittern kann. Dass dabei vor allem eine verzweifelte Suche nach Halt thematisiert wird, ja dass entgegen aller Vorurteile, Popliteratur sei ‚fröhlich', mache ‚Spaß' und zeige die Leichtlebigkeit und Sorglosigkeit der ‚Generation Golf', eine tiefe Traurigkeit beinah über allem von Kracht Dargestellten liegt, wurde besonders am Anfang seines Schaffens übersehen. Sein Debütroman *Faserland,* der mittlerweile als deutschsprachige Initialzündung für eine ‚Neue Popliteratur' gilt, wurde von vielen Kritiker/innen zunächst auf das Thema des Konsums, den ‚Markenfetischismus' und die eigenwillige, bis dato nicht literaturfähige Sprache reduziert.

In der vorliegenden Arbeit wird der Blick auf die postmodernen, krisenhaften Identitäten der Figuren in *Faserland* gerichtet. Es soll herausgefunden werden, welche Eigenschaften diese aufweisen und in welchem Verhältnis sie zum Genre ‚Popliteratur' stehen. Kann man vom spezifischen Typus einer ‚postmodernen Pop-Identität' sprechen? Um dies herauszufinden, wird ein Analyse-Raster erstellt, das sich aus erarbeiteten Charakteristika der subjektiven Erfahrung postmoderner Umbrüche und

[2] Vgl. Keupp u.a. (2008): S. 9.

Kennzeichen ‚popliterarischer' Figuren zusammensetzt. Dadurch soll eine Lesart ermöglicht werden, die sich Punkt für Punkt an den herausgefundenen Merkmalen abarbeitet und trotzdem letztendlich ein Gesamtbild entstehen lässt.

Ein Ausblick auf die Beschaffenheit der zwei folgenden Romane Krachts wird zeigen, ob sich die Thematik als Programm durch sein Werk durchzieht. Dabei wird auch die Frage aufgeworfen werden, ob sich das Etikett ‚Popliteratur' durchgehend anhaften lässt.

Zunächst aber wird versucht, die diffusen Begriffe ‚Identität', ‚Postmoderne' und ‚Popliteratur' zu definieren, um eine theoretische Grundlage für die anschließende Romananalyse zu schaffen. Dabei wird in eklektischer Manier auf die Meinungen verschiedenster Theoretiker/innen zurückgegriffen, wobei die Auswahl der entsprechenden Passagen keinen Anspruch auf Vollständigkeit erhebt.

1 Identität

1.1 Eine erste Annäherung

Macht man sich ganz unvoreingenommen auf die Suche nach der Bedeutung des Begriffs ‚Identität', der einem aus der Alltagsverwendung so geläufig ist und klar erscheinen mag, stößt man bereits beim ersten Anlauf auf so manche Schwierigkeit. Keine der verschiedenen Definitionen, die sich finden, stimmt auf den ersten Blick mit der Alltagsassoziation überein und gemeinsam betrachtet bergen sie ebenso einiges an Widersprüchlichkeiten in sich. So zeigt Duden Online in einer Übersicht drei mögliche Bedeutungen:

„Identität" wird erstens als die „Echtheit einer Person oder Sache", als „völlige Übereinstimmung mit dem, was sie ist oder als was sie bezeichnet wird" verstanden, zweitens als die „als ‚Selbst' erlebte innere Einheit der Person" (wobei darauf hingewiesen wird, dass es sich hierbei um die Definition in der Psychologie handelt) und drittens als „völlige Übereinstimmung mit jemandem" oder mit „etwas in Bezug auf etwas" beziehungsweise ganz generell als „Gleichheit". Zur Wortherkunft wird angegeben, dass der Begriff vom spätlateinischen „identitas" abstamme, und dieser Terminus wiederum vom lateinischen „idem" mit der Bedeutung „derselbe".[3]

Man muss also mit sich selbst ‚eins' sein, um so etwas wie eine ‚Identität' zu besitzen – was genau lässt sich darunter aber verstehen? Denkt man über diese ersten vorgeschlagenen Bedeutungen etwas nach, fällt auf, dass bereits auf dieser Stufe mehrere verschiedene Interpretationen möglich sind. Die „Echtheit einer Person oder Sache" wird mit einem Atemzug gleichgesetzt mit einer „Übereinstimmung mit dem, was sie ist oder als was

3 Vgl. http://www.duden.de/rechtschreibung/Identitaet, abgerufen am 08.10.2012.

sie bezeichnet wird" – nur, *was* stimmt hier *womit* überein? Ist hier nicht von einer Person im Singular die Rede? Schon der junge Wittgenstein stolperte über diese, wenn schon nicht mögliche *Definition*, dann doch *Konnotation* des Begriffs, die zweifellos von der Etymologie herrührt:

> „Beiläufig gesprochen: Von *zwei* Dingen zu sagen, sie seien identisch, ist ein Unsinn, und von *Einem* zu sagen, es sei identisch mit sich selbst, sagt gar nichts".[4]

Gemeint ist, dass ein „Ding" niemals mit einem zweiten völlig identisch sein kann, dass es hingegen mit sich selbst von der reinen Logik her übereinstimmen muss; das „Ding" kann nicht anders sein als so, wie es eben ist – dadurch würde nur seine grundlegende Eigenschaft ausgedrückt, die ohnehin klar ist. Ob ein ‚Ding' mit sich selbst überhaupt verglichen werden kann und nicht ein zweites, anderes, erforderlich ist, bleibt außerdem sehr zweifelhaft.

Auch Peter Wagner fasst gleich zu Beginn seiner *Beobachtungen zur sozialwissenschaftlichen Diskussion über Identität* diesen Fragenkomplex auf ähnliche Art zusammen:

> „[...] jede Rede über Identität [verlangt] zwingend nach einem ‚Ding' [...] das mit sich identisch ist oder nicht. (Genaugenommen wird immer mindestens nach zwei Dingen verlangt – zusätzlich zu dem Objekt der Betrachtung nach jenem ‚anderen' Ding, mit dem das erstgenannte identisch ist [...])".[5]

Das Selbst müsste also zweigeteilt werden, um es einem Teil zu ermöglichen, mit dem anderen identisch zu sein. Am naheliegendsten wäre wohl eine Aufspaltung in ein äußeres und ein inneres Selbst: Das, was von außen von einem wahrgenommen wird, wie man im wahrsten Sinne des Wortes ‚gesehen' wird (was ja nur von außen und von anderen vollzogen werden kann) fungiert als der erste Teil und kann mit dem zweiten, restlichen Teil, der hauptsächlich aus der eigenen Wahrnehmung von sich besteht, verglichen werden. Stimmen die beiden überein, kann man sich selbst also als, wie in der Definition erwähnt, ‚echt' begreifen – vorausgesetzt, die Frage nach dem Gegenteil von ‚echt' in Bezug auf die Eigenschaften einer Person lassen einen nicht wieder zum Anfang des

4 Wittgenstein (1984): S. 62, 5.5303.

5 Wagner (1999): S. 45.

Gedankenkreises zurückkehren – gibt es ein solches Gegenteil überhaupt? Und besitzt eine Person, die nicht ‚echt' ist, also keine Identität? Was bedeutet ‚echt' sein?

Zurück zur These ‚Identität als Gleichheit mit sich selbst': Erscheinen solche Aussagen zunächst entweder „unsinnig oder nichtssagend", so erhalten sie laut Wagner „ihre Bedeutung und ihre Problematik, sobald man von der Frage nach dem Sein zur Frage nach dem Werden übergeht".[6] Wichtig sei eine „Öffnung zu dem Entwurfscharakter von Identität",[7] um den Begriff überhaupt zu rechtfertigen. Die Identität einer Person muss immer als etwas sich über die Jahre Entwickelndes, etwas Dynamisches gesehen werden. Die „Gleichheit der Person über die Zeit"[8] kann nur durch den Vergleich verschiedener Stadien ihrer Entwicklung festgestellt werden; Identität kann in diesem Sinne auch mit der „Kontinuität und Kohärenz"[9] eines Subjekts gleichgesetzt werden – es bleibt stetig das Gleiche, das es vorher war und hängt mit sich zusammen. Schon an diesem Punkt merkt man, dass ‚Identität' von jeher und vor allem in ihrer modernen Bedeutung als etwas Einheitliches oder zumindest eine Einheit Ausdrückendes verstanden wurde.

Wagner, der in seinem Aufsatz von 1999 zunächst auf dieses moderne Verständnis zurückgreift, erklärt zwei Varianten der Verwendung des Terminus':

> „Als ‚Selbstidentität' oder ‚personale Identität' bezeichnet er das Bewußtsein eines Menschen von seiner eigenen Kontinuität *über die Zeit hinweg* und die Vorstellung einer gewissen Kohärenz seiner Person. Mit ‚sozialer' oder ‚kollektiver Identität' hingegen werden ‚Identifizierungen' von Menschen untereinander benannt, also eine Vorstellung von Gleichheit oder Gleichartigkeit *mit anderen*".[10]

---

6 Wagner (1999): S. 68.

7 Ebd.

8 Ebd.: S. 69.

9 Ebd.

10 Ebd.: S. 45.

Wagner bezieht sich hierbei auf den Psychoanalytiker Erik H. Erikson, der den Identitätsbegriff im Rahmen seines Stufenmodells der psychosozialen Entwicklung in den 60er-Jahren maßgeblich prägte, und auf Anthony D. Smith mit dessen Werk *National Identity* von 1991. In vorliegender Arbeit wird der Schwerpunkt, sofern die Entscheidung notwendig wird, auf das Konzept der „personalen Identität", also der Identität eines einzelnen Individuums, gelegt, weshalb Unterschiede zwischen beiden Formen nicht weiter verfolgt werden. Gesagt sei nur noch, dass sie in keinem Fall völlig getrennt voneinander gesehen werden können, da von Grund auf eine Beziehung zwischen ihnen besteht. Personale Identität wird laut Wagner „sozial", wenn sie Beziehungen zu anderen Menschen herstellt, was zu einer Orientierung und Festigung im eigenen Leben maßgeblich beiträgt. „Kollektive Identität" entsteht, wenn eine Mehrzahl einzelner Individuen die Orientierungen ihrer personalen Identitäten auf dasselbe Kollektiv richten. Damit sind beide Konzepte untrennbar miteinander verbunden und können ohnehin niemals isoliert betrachtet werden, was bedeutet, dass eine Konzentration auf *eines* der beiden Konzepte das andere trotzdem niemals völlig ausschließt.

1.2 Genese des Begriffs oder Identität aus drei Perspektiven

Mindestens drei sozialwissenschaftliche Diskurse, die das Konzept ‚Identität' jeweils mit anderen Themenbereichen verknüpfen, haben sein aktuelles Verständnis geprägt. Wagner unterscheidet die Verbindungen „Identität und *Bedeutung*", „Identität und *Moderne*" sowie „Identität und *Differenz*".[11]

- **Identität und Bedeutung**

Diese Sichtweise bezieht sich auf das soziale Leben von Individuen. Noch vor etwa drei Jahrzehnten wurde dieses als strukturiertes System verstanden und die Menschen wurden durch ihre Rollen und Interessen, die aus ihrer Position in diesem System abgeleitet werden konnten, bestimmt. In neueren Diskussionen hingegen werden das soziale Leben und die Rolle des Individuums durch Bedeutungen und Werte geordnet, was natürlich erheblichen Einfluss auf den Identitätsbegriff nimmt. Die Gleich- oder Fremdartigkeit der anderen wird nicht mehr an deren Klassenlage gemessen, sondern an ihrem individuellen Sein erkannt. Trotz dieser Erweiterungen des Verständnisses von „kultureller Komplexität"[12] wird nach Wagner zwar weiterhin angenommen, dass sich Mitglieder einer gegebenen Kultur im Wesentlichen ähnlich (und damit von anderen Kulturen zu unterscheiden) sind und dadurch im Sinne der sozialen oder kollektiven Identität „kulturelle Identität" besitzen (deren klassische Formen seit der Aufklärung aus nationaler und sprachlicher Identität bestehen), aber dieser Begriff wird aktuell weiter gefasst.

In neuen Diskussionen wird entweder die Koexistenz verschiedener Kulturen auf einem Territorium betont oder darauf hingewiesen, dass Kulturen von territorial definierten Nationalkulturen unterschieden werden und sich über große, einzelne Nationen überbrückende Räume ausdehnen können. Kulturelle Identität kann in diesem Zusammenhang auch ethnische Identität bedeuten, wobei diese nicht nur Territorien übergreifende Zugehörigkeit meint, sondern sich auch auf partielle Identitäten innerhalb einer territorialen Gesellschaft, wie etwa die Identität einer

---

[11] Vgl. Wagner (1999): S. 47ff.

[12] Hannerz (1992).

Minorität, beziehen kann. Hier wird deutlich, dass Identität eng mit den Begriffen Abgrenzung, Ausgrenzung und generell *Grenze* verbunden ist. Relevant wird sie nicht für hegemoniale, universale Gruppen, sondern für die besondere Gruppe daneben, die von außen thematisiert wird, indem ihr eine bestimmte Identität zugewiesen wird.

Wagner fasst zusammen, dass mit all diesen Erweiterungen des klassischen Begriffs von Kultur und kultureller Identität die ursprüngliche Fragestellung des bedeutungsorientierten Diskurses weitgehend untergraben wird. Sie bestand darin, „identitätsschaffende Gemeinsamkeiten zwischen Menschen in deren Art und Weise der Weltinterpretation zu suchen".[13] Diese Gemeinsamkeiten werden als ein genuin kollektives Phänomen angesehen und konstitutiv für soziales Leben überhaupt – es wird nicht nach den Individuen an sich, sondern nach deren Gemeinsamkeit mit anderen gefragt, im Zentrum steht also die Gruppe. Mit den beschriebenen Modifikationen verschwindet allerdings der Untersuchungsgegenstand „Kollektiv" mit seinem Grundmerkmal der Gemeinsamkeit und wird von „Ordnungen von Ab- und Ausgrenzungen innerhalb und zwischen diskursiv vielfältig konstituierten Kollektiven"[14] überlagert. Im Vordergrund steht dadurch nun vielmehr der Unterschied zu anderen als das ursprünglich bedeutende Moment der Gemeinsamkeit.[15]

- **Identität und Moderne**

Aus dieser zweiten möglichen Perspektive wird nach den Möglichkeiten und Bedingungen der Herausbildung von personaler Identität gefragt, die hier als die „Bestimmung dauerhaft bedeutsamer Orientierungen des eigenen Lebens"[16] verstanden wird. Auf dieser Ebene steht das Individuum im Zentrum, nicht eine Gruppe, Kultur oder Gesellschaft. Interessant ist hierbei, zu beobachten, dass Identitätsbildung so als eine „*anthropologische Konstante* menschlicher Existenz"[17] gesehen wird, als die Entwicklung eines Bewusstseins von sich selbst, das nach seiner erfolgreichen Herausbildung als grundlegend *stabil* gilt. Personale Identität wird in diesem Denken eng

13 Wagner (1999): S. 50.

14 Ebd.

15 Vgl. Ebd.: S. 47-50.

16 Ebd.: S. 50.

17 Ebd.: S. 51. Hervorhebung von mir.

mit Kontinuität und Kohärenz verbunden und schließt auch die Rolle oder den Status des eigenen Selbst in einem größeren Ganzen mit ein. Natürlich spielen hier wiederum Vorstellungen eines Kollektivs und seiner Analyse mit hinein, Untersuchungsgegenstand bleibt jedoch das individuelle Subjekt.

Im Zusammenhang mit dieser spezifisch modernen Schaffung einer stabilen Identität, die vorwiegend über Identitätskrisen in der Adoleszenz erfolgt, steht auch schon der Begriff der Identitäts*problematik*. Diese kann laut Wagner einerseits mit dem spezifischen Verständnis von Moderne erklärt werden, das durch die Leugnung aller vorgegebenen Gewissheiten und eine prinzipielle Skepsis gekennzeichnet ist. Daraus erfolge eine notwendige Befragung der Stabilität des eigenen Ichs, und damit eine problematische Auffassung von Identität. Andererseits könne eine historische Annäherung den Zusammenhang zwischen Moderne und problematischer Identität erklären. ‚Moderne' sowie das Problem der ‚modernen Identität' beginnen demnach zwischen 1500 und 1800 mit den Ideen Descartes' und Kants, die eine grundlegende Skepsis hinsichtlich der Möglichkeiten des Wissens annehmen, mit den politischen Revolutionen Ende des 18. Jahrhunderts und der Auffassung, dass Menschen sich ihre Gesetze selber geben und dabei nur über die Mittel ihrer eigenen Kommunikation verfügen, sowie mit einer Elitenkultur bereits ab etwa 1500, die für eine erste moderne Kultur der Individualität und Autonomie steht, wenn auch nur in einzelnen Gesellschaftsschichten.

Auch wenn damit der Beginn des personalen Identitätsthemas reichlich früh angesetzt werden kann, beginnt die Diskussion darüber erst im 20. Jahrhundert. Bis dahin wurde der Mensch im Wesentlichen als sozial determiniert begriffen, als unweigerlich verbunden mit und abhängig von einer sozialen Struktur. Identität konnte somit nicht entwickelt oder gar selbst (mit)geschaffen werden, sondern galt als unbeeinflussbar. Diese Sichtweise schließt natürlich auch ein gewisses elitäres Denken der Soziolog/innen und Identitätstheoretiker/innen dieser Zeit mit ein.

Revolutionäres Ideengut in diesem Zusammenhang kann deshalb dem amerikanischen Philosophen und Psychologen George Herbert Mead (1863-1961) zugesprochen werden: Für ihn ist die Konstitution des Selbst eine Problematik, die erstens alle Menschen betrifft und zweitens sehr unterschiedlich verlaufen kann. Vor allem ist sie nur in ihren Formen, nicht aber in ihrem fertigen Ergebnis bestimmbar. Sein Bewusstsein wurde dem Menschen nicht als Gabe in die Wiege gelegt, sondern wird von Mead als evolutionäres Produkt der Auseinandersetzung des Organismus' mit seiner Umwelt verstanden. Mead unterscheidet zwar grundlegend die Größen *Bewusstsein* und *Identität* voneinander – erstere sei im Sinne von reflexiver Intelligenz nur dem Individuum selbst zugänglich, während letztere eine Art Struktur sei, die sich aus dem gesellschaftlichen Verhalten und nicht aus der subjektiven Erfahrung entwickle – weist aber bei beiden auf ihre Evolution und Formbarkeit hin. Identität kann nach ihm also *verschiedene Formen* annehmen. Damit wird eine Pluralität des Phänomens anerkannt, an die in der aktuellen Diskussion, die die Perspektive dieser Arbeit leitet, wieder angeknüpft wird.

Diese neue Diskussion begann mit der zunehmenden Erschütterung der Moderne samt ihren Prämissen ab der zweiten Hälfte des 19. Jahrhunderts. Soziale Umbrüche wie Industrialisierung, Urbanisierung, das Entstehen der ‚sozialen Frage' und die organisierte Arbeiterbewegung wirkten wie eine Art ‚Entbettung' – vorherige Sicherheiten wurden nicht mehr als solche erlebt, feste Institutionen in den sozialen Wohlfahrtsstaaten lösten sich auf. Die Entwicklung von Massengesellschaften hat erneut die Frage des Verhältnisses von Individualisierung und Wachstum des Selbst aufgeworfen. Die Lebensorientierung von Menschen wird nunmehr geprägt von Flüchtigkeit, Wandlungsfähigkeit und Instabilität, was dem genauen Gegenteil der Merkmale des klassischen Identitätsbegriffs entspricht.

Wurde Identität in der Moderne als etwas Einheitliches, Festes, Gleichbleibendes verstanden, nimmt sie in der so genannten *Postmoderne* eine zerrüttete, wandelbare Form an, respektive kann sie gar nicht mehr im Singular definiert werden. Douglas Kellner spaltet dieses neue Verständnis insofern vom modernen ab, als Identität noch in den 60er-Jahren als „stabil" und „gehaltvoll" galt sowie „selbstreflexiv und frei gewählt – zumindest ein normatives Ziel des modernen Selbst" gewesen sei, heutzutage aber zu „einem frei gewählten Spiel, einer theatralischen Darstellung des Selbst, in der man sich relativ unbesorgt über Verschiebungen, Transformationen und dramatische Wechsel in einer Vielfalt von Rollen, Bildern und Tätigkeiten präsentieren kann",[18] geworden sei. Das Verständnis des Selbst wird geöffnet, was nach Wagner auch als „Dezentrierung des Subjekts" bezeichnet wird, bis hin zur völligen Infragestellung des Begriffs. Dass er damit auch den engen Bezug zum

18 Kellner in Lash & Friedman (1992): S. 157f.

Diskursfeld Moderne verliert, liegt auf der Hand. Vielmehr kann man ihn nun mit dem an sich schon sehr problematischen Terminus ‚Postmoderne' verbinden.[19] Dazu aber später mehr.

Die hier vorgestellte Diskurslinie ist grundlegend für die vorliegende Arbeit. Der Bezug zur Moderne führt nach und nach zur Zerbröckelung der klassischen Auffassung von Identität. Das Verständnis des Begriffs wird radikal geöffnet, was selbst die Vermutung miteinschließt, ihn und das von ihm bis dahin bezeichnete Phänomen von Grund auf in Frage zu stellen. Das heißt, an gelungener Ausbildung von personaler Identität kann gezweifelt werden.

In den Romanen von Christian Kracht ist der Blick genau darauf gerichtet: Es geht durchwegs um Individuen, die vergebens nach einem beständigen Selbst und Orientierung im Leben suchen. Dabei spielt auch das Kollektiv eine Rolle, und zwar im Sinne der oben beschriebenen notwendigen Verbindung mit dem personalen Subjekt. Im Zentrum stehen also das Individuum und wie es ihm in der aktuellen Gesellschaft ergeht. Krachts Figuren, die diese ‚Identitätsarbeit' (ein Begriff, auf den später noch zurückgekommen wird) wenig erfolgreich bewältigen, weisen allesamt plurale, krisenhafte, postmoderne Identitäten auf.

- **Identität und Differenz**

Die dritte mögliche Verbindung nach Wagner führt zurück zu den Eingangsüberlegungen und bezieht sich vor allem auf die sprachliche Konstitution des Begriffs. Ein ‚Ding' oder Phänomen muss mit einem anderen verglichen werden, um eine bestimmte Identität aufweisen zu können. Das heißt nicht nur, dass es mit diesem ‚identisch' sein kann, sondern auch, dass es ganz einfach durch seine Differenz dem zweiten gegenüber Identität besitzt – Identität ist also in diesem Sinne verbunden mit Differenz. Erst durch die Abgrenzung von einem anderen Phänomen, mit dem das eine nicht identisch ist, wird seine Identität geschaffen. Dieser Logik zufolge wird allerdings zur Voraussetzung, was dem Ergebnis der Untersuchung eigentlich vorbehalten bleiben müsste: die stabile Existenz des betrachteten Phänomens. Dekonstruktivistische Kritiken bieten zwar

---

19 Vgl. Wagner (1999): S. 50-55.

Möglichkeiten zu einer neuen Reflexion über sozialwissenschaftliche Denkformen wie diese, wurden aber seit dem bereits vier Jahrzehnte zurückliegenden *linguistic turn* eher zögerlich aufgenommen. Trotzdem, und das soll im Folgenden weiter ausgeführt werden, wurde durch diese Ansätze die Aufmerksamkeit für Brüche und Inkonsistenzen in personalen Identitäten gefördert und eine Verschiebung der Wahrnehmung eingeleitet.[20]

20 Vgl. Wagner (1999): S. 55–57.

1.3 Identität und Postmoderne

1.3.1 Again: Das Begriffsgespenst ‚Postmoderne'

Mit dem Begriff ‚Postmoderne' wird ein weiterer ins Spiel gebracht, der in den letzten Jahrzehnten zwischen verschiedensten, vor allem polemischen Positionen hin und her jongliert wurde und nach wie vor nicht zum Bedeutungsstillstand gekommen ist. Er klingt nach einer neuen Epoche, einer Zeit nach der Moderne, mit neuen, sie ausmachenden und von der vorherigen Phase abgrenzenden Charakteristika – und übernimmt sich damit wohl ein wenig. In einem engen, im Standardwerk *Unsere postmoderne Moderne* von Wolfgang Welsch präzisierten Sinne ist er aber trotzdem berechtigt und erscheint für das Thema dieser Arbeit treffender als so mancher ihn umgehen wollender Terminus wie ‚Zweite Moderne', ‚Spätmoderne' oder ‚Reflexive Moderne'.

Wurde der Begriff ‚post-modern', der sich paradigmatisch ab etwa 1960 in der nordamerikanischen Literaturdebatte formierte, zunächst verwendet, um die (damals) gegenwärtige Literatur im Gegensatz zur großen Literatur der Moderne als schlaff und wenig innovativ zu charakterisieren, bezog er sich keine zehn Jahre später mehr und mehr auf die positiven Eigenarten dieser neuen Literatur. Kritiker/innen wie Leslie Fiedler und Susan Sonntag gaben die strikte Orientierung an der altehrwürdigen Moderne auf und sahen die hohe Qualität der aktuellen Texte vor allem in der erstmaligen Verbindung von Elite- und Massenkultur. Nicht nur eine intellektuelle Oberschicht wurde mit den postmodernen Werken angesprochen, sondern ein breites Massenpublikum.

Fiedlers programmatischer Aufsatz *Cross the Border – Close the Gap* von 1969, der bezeichnenderweise zuerst im *Playboy* veröffentlicht wurde (was auch auf eine neue Grenzüberschreitung auf Kritiker/innen-Ebene hinweist), steht unverblümt für diesen Grundsatz ein:

> „Die Vorstellung von einer Kunst für die ‚Gebildeten' und einer Subkunst für die ‚Ungebildeten' bezeugt den letzten Überrest einer ärgerlichen Unterscheidung innerhalb der industrialisierten Massengesellschaft, wie sie nur einer Klassengesellschaft zustünde. […] Der Postmodernismus gibt einem jungen Massenpublikum ein Beispiel und verdrängt gewisse alternde

und widerwillige Kritiker aus ihrem ehemaligen Elitestatus, indem er Freiheit anbietet, die jene schon in Gedanken mehr erschreckt als ermutigt. Der Postmodernismus schließt die Kluft zwischen Kritiker und Publikum […]. Wichtiger ist, daß er die Kluft zwischen Künstler und Publikum schließt oder, in jedem Fall, zwischen Professionalismus und Amateurtum in den Gebieten der Kunst. Alles andere kommt ganz logisch“.[21]

Demnach verbindet postmoderne Literatur in sich unterschiedlichste Erzählhaltungen, Motive, Stile, Gattungsindikatoren sowie alles, was sie im Einzelvorkommen der Werke in einen gewissen Rahmen gedrängt hätte, und kann anders als moderne Literatur nicht mehr bloß elitär und intellektuell, sondern auch romantisch, sentimental, kitschig, populär oder trivial sein. Das heißt auch, dass sie sich durch Mehrfachstrukturierung, und zwar auf mehreren Ebenen, kennzeichnet. Semantisch werden in ihr (scheinbare) Wirklichkeit und offenkundige Fiktion kombiniert sowie Doppelkodierungen aller Art verwendet, soziologisch schafft sie eine Verbindung von elitärem und populärem Geschmack.

Laut Welsch wurde damit Ende der 60er-Jahre die bis heute andauernde „Grundformel“ für „Postmodernes“ erreicht: Es liege dort vor, „wo ein grundsätzlicher Pluralismus von Sprachen, Modellen, Verfahrensweisen praktiziert wird, und zwar nicht bloß in verschiedenen Werken nebeneinander, sondern in ein und demselben Werk, also interferentiell“.[22] Wobei hier „Vielheit“ keinesfalls mit dem gefährlichen Grundsatz der Gleichgültigkeit gleichgesetzt werden darf, sondern sich auf eine gegebene Wirklichkeitsvielfalt bezieht.

Auch was unsere Gesellschaftskonzeption angeht, hat sich seit vorangegangenen Epochen diesbezüglich einiges getan: Ein Prinzip der postmodernen Gesellschaft ist eben dieser „einschneidende Pluralismus“ und „die unaufhebbare Heterogenität verschiedener Paradigmen“.[23] Diese Heterogenität besteht nicht nur zwischen den Bereichen Wirtschaft, Kultur und Politik, sondern betrifft auch die einzelnen Subjekte, die eine Gesellschaft formen: Jedes von ihnen hat vielfache Neigungen und folgt unterschiedlichen Interessen und Werten, auch als einzelne Person.[24]

21 Fiedler (dt. 1984): S. 689f zitiert nach Welsch (2002): S. 15f.

22 Welsch (2002): S. 16–17.

23 Ebd.: S. 30.

24 Vgl. Ebd.: S. 14–30.

Übertragen auf das Konzept der Identität im Sinne eben der Frage ‚Wer bin ich und wie bewältige ich mein Sein?' bedeutet das, einfach ausgedrückt, nichts anderes, als das Vorhandensein und die Möglichkeit verschiedenster Lebensentwürfe zu erkennen und zu akzeptieren. Das heißt – wenn man die gegenwärtige Zeit von der vorhergegangenen Moderne absetzt, wie bereits im vorigen Kapitel thematisiert wurde – dass einem kein determinierter Platz in der Gesellschaft mehr vorgegeben wird, sondern man selbst entscheiden kann, ja *muss*, was die anderen und vor allem man selbst in sich sieht, wie man sich definiert.

Wendet man die von Welsch vorgeschlagene Grundformel auf die Identitätsfrage an, muss man auch hier von einem „grundsätzlichen Pluralismus" ausgehen. Die moderne Sichtweise einer einheitlichen, einzigen Identität für jede/n greift nicht mehr – vielmehr weist jeder Mensch eine Pluralität von Identitäten auf, er besitzt nicht nur die eine, sondern viele verschiedene, auf die vielen unterschiedlichen Kontexte seines Lebens bezogene, vielleicht nicht immer eindeutige. Keine universale, stabile Identität definiert uns heutzutage, sondern ein postmodernes Identitäten-Konglomerat, oder mit den Worten Heiner Keupps ausgedrückt: eine „Patchwork-Identität".

Wobei dies keine so neue Idee ist, wie es vielleicht scheint. Vorbilder postmodernen Denkens und damit der Idee von grundsätzlicher Pluralität findet Jean-François Lyotard, der den Postmoderne-Begriff 1979 mit seiner Schrift *La Condition postmoderne* entgegen aller Kritik vehement verteidigt, ein Konzept ausarbeitet und philosophisch etabliert, bereits in Kant und sogar Aristoteles, dessen These der Mannigfaltigkeit des Seins schon auf ein Identitätenplural hindeutet. Postmodernes Denken wendet sich keinesfalls so sehr gegen die Ideen vergangener Epochen, wie die ihm anhaftende ‚Aufbruchsstimmung' und die Konnotation eines folgenreichen Einschnitts nahelegen würden.

Auch das Verhältnis zwischen Postmoderne und Moderne ist kein kategorisch abgrenzendes. Lyotard sieht es vielmehr so:

> „Die Postmoderne situiert sich weder nach der Moderne noch gegen sie. Sie war in ihr schon eingeschlossen, nur verborgen".[25]

Postmoderne ist für ihn gerade keine ‚Anti-Moderne' oder ‚Trans-Moderne', auch wenn der Terminus auf diese Auffassung anspielt. Im

25 Lyotard zitiert nach Welsch (2002): S. 33.

Gegenteil sei sie weit eher pro-modern als anti-modern und sogar eine Weiterführung der wissenschaftlichen und künstlerischen Avantgarden des 20. Jahrhunderts. Schließlich bedeutet auch die Moderne eben dieses Jahrhunderts einen Bruch mit der klassischen Moderne, nämlich der im Sinne der *Neuzeit,* ist also alles andere als eine einheitliche, in sich geschlossene Epoche. Postmoderne kann demnach als *Radikalmoderne* verstanden werden, die nicht mehr den Auflagen der Neuzeit folgt, sondern die des 20. Jahrhunderts und der Gegenwart einlöst. Das bedeutet konkret, im Sinne Lyotards, die Verabschiedung von so genannten „Einheitswünschen“,[26] das Hinter-sich-Lassen von etablierten Weltbildern, den großen „Meta-Erzählungen“,[27] welchen in der Postmoderne kein Glauben mehr geschenkt wird.

Im Gegensatz dazu werden „Sprachspiele in ihrer Heterogenität, Autonomie und Irreduzibilität“[28] freigegeben und potenziert, statt aufeinander in vermeintlicher Absolutheit reduziert. Im Grunde heißt dies nichts anderes, als dass sämtliche „Totalisierungen philosophischer, ökonomischer, technologischer Art“[29] nicht mehr vertretbar sind und endlich Platz und Verständnis für unendlich unterschiedliche Formen des Denkens und Handelns geschaffen werden. Damit ist der Grundgedanke des Postmodernismus' „[d]ie Verteidigung der unterschiedlichen Lebenswelten, Sinnwelten und Anspruchswelten“[30] oder auch, in der Formulierung Welschs, eine „relativ einfache Schlüsselerfahrung“, nämlich, „daß ein und derselbe Sachverhalt in einer anderen Sichtweise sich völlig anders darstellen kann und daß diese andere Sichtweise doch ihrerseits keineswegs weniger ‚Licht‘ besitzt als die erstere – nur ein anderes“.[31]

Ausgehend von dieser ‚Grundlagenkrise‘ Ende des 20. Jahrhunderts erscheint mir der Begriff ‚Postmoderne‘ trotz der uneindeutigen Definition von ‚Moderne‘ um einiges passender als seine Alternativen. Er drückt am effektivsten eine radikal neue Sichtweise aus und grenzt sich, schon rein begrifflich, am deutlichsten von einer Moderne im traditionellen Sinn ab.

26 Welsch (2002): S. 33.

27 Lyotard (1999): S. 7.

28 Welsch (2002): S. 33.

29 Ebd.: S. 79.

30 Ebd.

31 Ebd.: S. 5.

Im Hinblick auf diese Arbeit ist das insofern wichtig, als aufgezeigt werden soll, wie sich eine krisenhafte, ‚postmoderne' Identität darstellt und dies natürlich in Zusammenhang mit dieser neuen pluralen Perspektive und Freiheit steht.

In Krachts Romanen, die auch von ihrer Form und Sprache her mit den Charakteristika der so genannten postmodernen Literatur übereinstimmen, werden wiederum genau solche Identitäten beschrieben. Kracht thematisiert außerdem Grenzen, Konfliktzonen, der Vernunft Widerstreitendes, vor allem, was den Charakter der Figuren angeht. Postmodernes Interesse richtet sich auf genau solche Reibungen, da die große Konsequenz der beschriebenen unaufhebbaren Pluralität und Heterogenität in der Schwierigkeit ihrer Vereinbarung liegt.

Erwähnt werden sollte nun noch die größte Gefahr, die dieses von Welsch als Pluralität und gleichzeitig Widerspruch subsumierte Verständnis von Postmoderne in sich birgt und für so manches kritisches Ablehnen des Begriffs verantwortlich ist: postmodernes Denken auf den Slogan ‚anything goes' und damit absolute Beliebigkeit herunterzubrechen. Der von Paul Feyerabend in den 70er-Jahren geprägte Begriff verselbstständigte sich in rasender Geschwindigkeit zu einem Schlagwort und „erschreckte[m] Ausruf konventioneller Geister",[32] also zur Meinung der ‚Gegner', anstatt noch das ausdrücken zu können, was er ursprünglich meinte. Grob zusammengefasst sollte damit aufgezeigt werden, dass es schlicht keine rationale, allgemeine, jederzeit gültige Regel gebe, was in der Wissenschaft erlaubt oder verboten sei, ja dass im Grunde nur ein anarchisches, natürlich ironisch überspitztes „Mach, was du willst!"[33] allgemeine, andauernde Gültigkeit habe. Was nun genau dieses weit verbreitete Vorurteils- und Kurzschlussdenken geschürt hat, kann hier nicht im Detail erörtert werden.

---

32 Welsch (2002): S. 135.

33 So die Übersetzung von ‚anything goes' in der deutschen Version *Wider den Methodenzwang* von Paul Feyerabends *Against Method* (1975).

1.3.2 Postmoderne Identität(en)

Eine „ontologische Dauerhaftigkeit eines Personengebäudes",[34] wie es sich in der entstehenden Moderne herausgebildet hatte, beziehungsweise der Erikson'sche Lebens- und Identitätsentwurf, der nach der pubertären Krise eine gefestigte, fertige Identität annimmt, sind für Vertreter neuerer Identitätstheorie wie Keupp nicht mehr tragfähig. Für ihn ist dieses Konzept „unauflöslich mit dem Projekt der Moderne verbunden",[35] das heißt, er versteht die Ausbildung von Identität als „ein modernes Ordnungsmodell regelhaft-linearer Entwicklungsverläufe".[36]

Die Gesellschaft, in der sich das Subjekt befindet, wird bei Erikson als kontinuierlich und berechenbar dargestellt und damit der subjektiven Selbstfindung eine verlässliche Einbindung versprochen. Keupp versteht (personale) Identität, auf die Theorie von Stuart Hall aufbauend, immer als eine Art „Herstellung einer Passung zwischen dem subjektiven ‚Innen' und dem gesellschaftlichen ‚Außen'".[37] Diese Passung verläuft bei Erikson (noch) erfolgreich – das Subjekt bildet einen „stabilen Kern" aus, trägt sich ein „inneres Kapital"[38] zusammen, das sein Leben bewältigbar macht; Keupp hingegen spricht von einem „radikale[n] Bruch mit allen Vorstellungen von der Möglichkeit einer stabilen und gesicherten Identität".[39]

34 Keupp u.a. (2008): S. 13.

35 Ebd.: S. 30.

36 Ebd.

37 Ebd.: S. 28.

38 Erikson (1973): S. 107.

39 Keupp u.a. (2008): S. 30.

1.3.2.1 Umbruchserfahrungen von der modernen zur postmodernen Gesellschaft

- **Allgemein betrachtet**

Verantwortlich für diese Infragestellung gewohnter Passformen für die Ausbildung von Identität sind Umbrüche der gesellschaftlichen Rahmenbedingungen, die von Eickelpasch und Rademacher mit den „ebenso modischen wie unscharfen Sammelbegriffen ‚Postmoderne' bzw. ‚Globalisierung'"[40] zusammengefasst werden. Die postmoderne Gesellschaft zeichnet sich im Ganzen durch zunehmende Individualisierung und Pluralisierung, wie im vorigen Kapitel erläutert wurde, aus. Im Konkreten bedeutet das, dass die Menschen aus vertrauten Bindungen herausgerissen wurden, sei es die Gesellschaftsklasse, den Beruf, oder Familien- und Geschlechterverhältnisse betreffend. Der Beruf hat seine traditionelle Bedeutung als Halt und Rückgrat in der Lebensführung verloren – feste, unbefristete Anstellungen sind zur Seltenheit geworden, Erwerbsarbeit im Allgemeinen schwindet. In allen Bereichen des Lebens wird Flexibilität angeboten und auch verlangt – feste, jahrelange Partnerschaften und traditionelle Familienstrukturen sind heutzutage nur eine Möglichkeit von vielen, Bildungschancen hängen zumindest nicht mehr grundsätzlich vom Einkommen der Eltern ab, gesellschaftliche Standesunterschiede sollte es in diesem Sinne nicht mehr geben, auch eine geschlechtsspezifische Aufteilung der Welt (etwa in eine „Männerwelt Beruf" und eine „Frauenwelt Familie")[41] wurde aufgekündigt.

Der/die Einzelne verfügt – in der westlichen Wohlstandsgesellschaft – über ein Kontingent schier unbegrenzter Möglichkeiten, aus dem er/sie nach Belieben schöpfen kann. Man hat sich also einen Weg gebahnt, heraus aus vorgegebenen Normen hin zu einer neuen, postmodernen Freiheit. Das mag, so formuliert, nach großem Fortschritt und lange angestrebten, endlich vollzogenen Denkumbrüchen klingen, bringt aber auch weitreichende, durchaus problematische Konsequenzen für die individuelle Lebensführung mit sich. Eickelpasch und Rademacher fassen diese in Bezugnahme auf Beck wie folgt zusammen:

---

[40] Eickelpasch & Rademacher (2004): S. 6.

[41] Ebd.

„Biographien werden im Zuge der fortschreitenden Differenzierung, Pluralisierung und Enttraditionalisierung sozialer Verhältnisse aus traditionellen Vorgaben ‚entbettet' und dadurch als Aufgabe in das Handeln jedes Einzelnen gelegt. Der Einzelne wird im Zuge gesellschaftlicher Individualisierungsprozesse selbst zum Handlungszentrum, zum ‚Planungsbüro in bezug auf seinen eigenen Lebenslauf'".[42]

Anders als vor Jahrzehnten, als dem Subjekt noch kulturell vordefinierte Identitätsmuster, das heißt klare Regeln, wo und wie man sich selbst in der Gesellschaft positioniert, zur Verfügung standen, wird es jetzt zum „Baumeister seines eigenen Selbst".[43] Es hat zwar verschiedenste vorgegebene „Bausätze biographischer Kombinationsmöglichkeiten"[44] zur Auswahl, muss diese aber in Form von „alltäglicher Identitätsarbeit"[45] zu seinem ganz persönlichen „Existenzdesign"[46] zusammensetzen. Dieser neue Spielraum und die Möglichkeit, sein Leben ganz nach eigener Wahl frei zu gestalten, markieren einerseits natürlich einen großen Gewinn. Demgegenüber stehen aber der Verlust von Sicherheit und Zugehörigkeit sowie ein Gefühl von Überforderung angesichts dieser Konstruktionsaufgabe. Die Forderung, sich aus vorgefertigten Versatzstücken eine eigene Biographie, ein eigenes Selbst, eine eigene Identität zu „basteln" – und dies ist für eine erfolgreiche Lebensbewältigung unumgänglich – ist ein Unterfangen, das mit großer Anstrengung, Störungen und Risiken verbunden ist. Es bedeutet vor allem auch, dass sich jede/r zwingend mit der Frage ‚Wer bin ich?' oder vielmehr ‚Wer möchte ich sein?' auseinandersetzen *muss*, wenn er/sie allein es denn entscheiden kann.

In Anbetracht dieser, je nachdem, ob nun Freiheit oder Haltlosigkeit, werden Lebensstil- und Identitätsangebote häufig in den Medien und der Populärkultur gesucht, werden doch hierin bestimmte mögliche, schon umgesetzte Lebensentwürfe projiziert. In Romanen, Filmen und Fernsehserien werden scheinbar nach dem Vorbild der Wirklichkeit gezeichnete Typen gezeigt, die Identifikationsangebot bieten. Modelabels oder Marken

---

42 Eickelpasch & Rademacher (2004) mit Bezugnahme auf Beck (1986): S. 6–7.

43 Ebd.: S. 7.

44 Ebd. mit Bezugnahme auf Beck (1986).

45 Keupp u.a. (2008).

46 Eickelpasch & Rademacher (2004) mit Bezugnahme auf Kellner & Heuberger (1988): S. 7.

in jeglicher Form verkörpern ein bestimmtes Image, das zu einem ‚passen' kann oder nicht.[47]

In seiner extremsten Ausprägung kann ein zwanghafter Identifizierungsversuch auf der Suche nach irgendeiner möglichen Identität zur Flucht in eine Schein-Identität führen, aufgebaut auf Bildern der Werbung und bestimmten, einer Marke beziehungsweise ihres/ihrer Trägers/Trägerin zugeschriebenen Eigenschaften oder anderen identitätsträchtigen Assoziationen, die sich mit dem Produkt individuell verbinden lassen.

Wobei die Behauptung, in so einem Fall handle es sich automatisch um ‚Schein', durchaus gewagt ist. In der Analyse von Krachts Romanen wird dieser Frage genauer nachgegangen, sind doch Markenfetischismus und (die in der Regel erfolglose) Suche nach Halt im Materiellen in fast jedem seiner Werke ein großes Thema.

- **Aus sozialwissenschaftlicher Perspektive**

Auch der britische Soziologe Anthony Giddens thematisiert in seiner Analyse der Spätmoderne den Zusammenhang zwischen makrogesellschaftlichen Entwicklungen und den Konsequenzen daraus für das einzelne Subjekt. Er spricht von einem „Prozeß der gleichzeitigen Umgestaltung der Subjektivität und der globalen Gesellschaftsorganisation".[48] Den Blick auf die Subjektebene gerückt, unterscheidet Keupp daran angelehnt eine philosophische und eine sozialwissenschaftliche Sichtweise: Aus philosophischer Perspektive werde die neue Situation des Subjekts gerne mit „so großen Formulierungen" wie „Das Ende der Eindeutigkeiten" – „Das Ende der Gewissheiten" – „Das Ende der Meta-Erzählungen" zusammengefasst; sozialwissenschaftlich würden diese spezifischen, sich verändernden Befindlichkeiten „näher an der Alltagserfahrung" erklärt. Im Anschluss daran nennt er zehn Erfahrungskomplexe:[49]

---

47 Nicht nur im wörtlichen Sinn wird man hier auf Keupps Definitionsvorschlag von Identität zurückgeworfen: „Es geht bei Identität immer um die Herstellung einer *Passung* zwischen dem subjektiven ‚Innen' und dem gesellschaftlichen ‚Außen' […]" (Keupp u.a. (2008): S. 28.)

48 Giddens (1995): S. 218.

49 Keupp u.a. (2008): S. 45ff.

1. Subjekte fühlen sich „entbettet".

Gemeint ist eine Art „ontologischer Bodenlosigkeit", die vor allem in Phasen gesellschaftlicher Modernisierung, wie der gegenwärtigen, von Menschen erlebt wird. Die individuelle Lebensführung wird nicht mehr in einen stabilen Rahmen verlässlicher Traditionen ‚eingebettet', sondern muss selbst, durch eigene Entscheidungen, in die Hand genommen werden.

2. Entgrenzung individueller und kollektiver Lebensmuster.

Heutzutage ist es von größerer Bedeutung, kluge Entscheidungen treffen zu können und Beziehungsverhältnisse befriedigend zu gestalten, als vermeintlich unveränderliche Umstände akzeptieren zu lernen. Vorgefertigte Schnittmuster, nach denen sich Subjekte biographisch entwerfen, haben ihre frühere Prägekraft verloren. Die Gesellschaft ist „multioptional" geworden, Arrangements mit vorgegebenen Normen sind nicht mehr notwendig. Geteilte Vorstellungen von Erziehung, Sexualität, Geschlechterbeziehung etc. früherer Generationen sind nicht mehr selbstverständlich, sondern nur eine mögliche Sichtweise von vielen.

3. Erwerbsarbeit wird als Basis von Identität brüchig.

Anders als in der industriell-kapitalistischen Gesellschaft ist durch den Beruf gegenwärtig keine verlässliche „Einbettung" mehr möglich. Die vorhandene Erwerbsarbeit wird weniger, die Menschen mehr – alle darin zu integrieren, wird zur Illusion. Gleichzeitig gewinnt das Gut Arbeit an subjektiver Bedeutung, entscheidet über die Sicherung der Zukunft, über soziales Ansehen und damit auch individuelle Sinnstiftung.

4. „Multiphrene Situation" wird zur Normalerfahrung.

Der Psychologe Kenneth Gergen erklärt den Begriff „Multiphrenie" folgendermaßen:

> „Mit ‚Multiphrenie' wollte ich vor allem unsere derzeitige Erfahrung beschreiben, daß wir immer stärker Teil eines wachsenden Netzwerks von Beziehungen werden, von direkten zwischenmenschlichen, aber auch von elektronischen und solchen aus ‚zweiter Hand'. Auf uns stürmt eine ungeheuer schnell wachsende Vielfalt von Wünschen, Optionen, Gelegen-

heiten, Verpflichtungen und Werten ein. Und wir müssen damit leben, dass vieles von dem höchst widersprüchlich ist".[50]

Durch die wachsende Komplexität von Lebensverhältnissen müssen Subjekte eine Fülle von Erlebnis- und Erfahrungssplittern verarbeiten, die sich nur schwer in ein stimmiges Gesamtbild fügen. Meist besteht die einzige Möglichkeit darin, sie nebeneinander stehen zu lassen, ohne Bezüge zwischen ihnen zu bilden. Das Subjekt befindet sich dadurch in einer so genannten „multiphrenen Situation", die mehr und mehr zur Normalität wird.

5. „Virtuelle Welten" als neue Realitäten.

Keupp spricht von „Entwicklungen, deren allgemeine Konsequenzen für alltägliche Lebenswelten und die Subjektkonstitution noch schwer prognostizierbar sind".[51] Ohne Zweifel ist jedoch bereits, dass die Entstehung von solchen „virtuellen Welten" und „virtuellen Gemeinschaften" das zunehmende Infragestellen eines einzigen existierenden „Realitätsprinzips" fördert.

6. Zeitgefühl erfährt „Gegenwartsschrumpfung".

Das subjektive Zeitempfinden, das heißt, die Bezüge zu Vergangenheit, Gegenwart und Zukunft verändern sich laut Lübbe in Richtung einer „Gegenwartsschrumpfungs"-Erfahrung.[52] Die Menge neuer Elemente verdichtet sich zwar, Gegenwärtiges wird also mehr und mehr, veraltet aber auch umso schneller. In einer „dynamischen Zivilisation" wie der postmodernen „nimmt die Ungleichzeitigkeit des Gleichzeitigen" zu.

7. Pluralisierung von Lebensformen.

Laut Peter Berger ist das Individuum in der aktuellen Situation einem „explosiven Pluralismus" ausgesetzt. Schon die Moderne hätte „einen riesigen Schritt weg vom Schicksal hin zur freien Entscheidung" bedeutet, in der Postmoderne allerdings radikalisiert sich die Auswahl unendlicher Alternativen für jede/n Einzelne/n:

---

[50] Gergen (1994): S. 36 nach Keupp u.a. (2008): S. 49.

[51] Keupp u.a. (2008): S. 49.

[52] Lübbe (1994): S. 56.

„Aufs Ganze gesehen gilt [...], daß das Individuum [...] nicht nur auswählen kann, sondern daß es auswählen muß. Da es immer weniger Selbstverständlichkeiten gibt, kann der einzelne nicht mehr auf fest etablierte Verhaltens- und Denkmuster zurückgreifen, sondern muß sich nolens volens für die eine oder andere Möglichkeit entscheiden“.[53]

Berger schließt daraus, dass nicht nur das Leben des/der Einzelnen, sondern auch seine/ihre Weltanschauung sowie Identität zu einem Projekt werden, entworfen aus einer Aneinander- oder auch Nebeneinanderreihung getroffener Einscheidungen.

8. Dramatische Veränderung der Geschlechterrollen.

Die Frauenbewegung in der zweiten Hälfte des 20. Jahrhunderts hat es geschafft, einen großen Bereich gesellschaftlicher Verständlichkeiten und alltäglicher Ordnung aufzubrechen und einen nachhaltigen Wandel im Denken einzuleiten. Laut Keupp geht es dabei vor allem um die „klassische Trennung zwischen Privatheit und Öffentlichkeit“,[54] die eine Verschiebung erfahren hat. Die Arbeitsteilung im familiären Haushalt, Kindererziehung und auch Sexualität sind zu politischen Themen geworden. In Bezug auf Identität spielt vor allem der traditionell so gesehene Unterschied zwischen „männlicher“ und „weiblicher Identität“ eine Rolle, der in der Postmoderne in Frage gestellt wird. Nach und nach eröffnen sich Möglichkeiten der Konstruktion von neuen, weniger starr eingeteilten Identitäten mit Gewichtung auf andere subjektive Qualitäten.

9. Individualisierung verändert das Verhältnis vom Einzelnen zur Gemeinschaft.

Keupp spricht von einer sich immer stärker durchsetzenden „Ego-Gesellschaft“. Eine „Solidargemeinschaft“, die sich etwa durch gemeinsame religiöse Bindungen, Strukturen der Tradition, der Abgrenzung und Ausgrenzung von anderen festigte, wird mehr und mehr Geschichte.

„Die einzelne Person wird zur Steuerungseinheit, und die Begründung ihres Handelns muß ihr sinnvoll und vernünftig

[53] Berger (1994): S. 95.

[54] Keupp u.a. (2008): S. 51.

erscheinen und darf sich nicht allein auf das ‚man' traditioneller Normierungen berufen".[55]

Keupp hebt aber auch hervor, dass Individualisierung keinesfalls selbstredend mit der Entwicklung einer Ego-Kultur gleichgesetzt werden kann. Im Gegenteil seien hohe Solidaritätspotentiale in der aktuell bestehenden Gesellschaft empirisch bewiesen. Vordergründig bedeutet Individualisierung die Freisetzung des Subjekts aus früher stark auf es einwirkenden Bindungen und Traditionen. Ob es sich für bindende Solidarität zu anderen Mitgliedern der Gesellschaft entscheidet, muss dadurch nicht unbedingt beeinflusst werden.

10. Individualisierte Formen der Sinnsuche.

Das Subjekt in der postmodernen Gesellschaft wird durch den Verlust des Glaubens an die „Meta-Erzählungen" zum „individualisierten Sinn-Bastler."[56] Große Deutungssysteme, die in der Vergangenheit Sinn vermittelten, werden abgelöst von unendlicher Erfahrungsvielfalt und einem Pluralismus von Meinungen. Keupp sieht im postmodernen „Ende der Meta-Erzählungen" weniger „den Zusammenbruch des Glaubens, innere Zusammenhänge unserer Welt begreifen zu können" als „das Ende der etablierten Deutungsinstanzen". Der Mensch selbst wird zum „Konstrukteur seines eigenen Sinnsystems", das auch Materialien traditioneller Sinninstitutionen enthalten kann. Es ist aber viel individualisierter und nicht mehr eingezwängt im ehemaligen Korsett der Meta-Erzählungen. Wieder gibt es eine unendliche große Kombinationsmöglichkeit, sich selbst sein ganz eigenes System zu entwerfen.[57]

Die zehn genannten Erfahrungskomplexe lassen sich zu einer postmodernen Grunderfahrung des einzelnen Subjekts bündeln, die Keupp mithilfe eines bildlichen Vergleichs treffend veranschaulicht: Durch den Verlust von unkritisch betrachteten Lebenskonzepten und vorgefertigten Mustern erleben sich die Menschen „als Darsteller auf einer gesellschaftlichen Bühne, ohne daß ihnen fertige Drehbücher geliefert

---

55 Keupp u.a. (2008): S. 52.

56 Ebd.

57 Vgl. Ebd.: S. 46f.

würden".[58] Das bedeutet zwar, dass ihnen freie Hand gelassen wird beim Entwerfen ihrer ganz eigenen Vorstellung vom Leben, es heißt aber auch – wie nun schon mehrmals angesprochen – dass sie mit einer Aufgabe konfrontiert sind, die ihnen nichts und niemand abnimmt. Diese Aufgabe wiederum ist auch abhängig von den gegebenen Voraussetzungen leicht oder weniger leicht zu bewältigen. Sind die erforderlichen materiellen, sozialen und vor allem psychischen Ressourcen nicht ausreichend vorhanden, kann diese notwendige aktive Selbstgestaltung zu einem großen Problem für das Subjekt werden.

Wolfgang Kraus geht sogar so weit, die Idee der Konstruierbarkeit der eigenen Identität in diesem Zusammenhang völlig in Frage zu stellen. Für ihn ist es leicht vorstellbar, „daß in manchen sozialen Kontexten quasi selbstverständlich vorgegebene Identitäten übernommen werden, trotzdem die reale Möglichkeit der Wahl besteht".[59] Der Begriff der „Chancenhaftigkeit" sei heutzutage zwar in aller Munde, aber dennoch ließen sich viele Beispiele dafür anführen, „daß Optionsvielfalt zwar gedacht, aber nicht praktiziert"[60] werde. Er denkt hierbei konkret an Übernahmen des elterlichen Betriebs oder Berufs und insbesondere an die Unmöglichkeit vieler, am Arbeitsleben erfolgreich teilzuhaben, allein wegen ‚schlechter' Schulbildung oder geringen sozialen Kapitals.

---

58 Keupp u.a. (2008): S. 53.

59 Kraus (1999): S. 2.

60 Ebd.

1.3.2.2 Narrative Patchwork-Identität

Wie nun schon öfter erwähnt, war es vor allem Heiner Keupp mit einem großen Forschungskreis um ihn herum, der das aktuelle Verständnis von Identität maßgeblich geprägt hat. Er thematisiert den Begriff als „ein Prozeßgeschehen beständiger ‚alltäglicher Identitätsarbeit'"[61] und definiert diesen Prozess, angelehnt an die Theorie Stuart Halls, als „permanente Passungsarbeit zwischen inneren und äußeren Welten".[62] Wie ein „selbstreflexives Scharnier"[63] also wirkt das Phänomen Identität zwischen dem Subjekt und allem, was es umgibt; das Eigene und das Andere stehen in Wechselwirkung zueinander, der/die Einzelne muss stetig daran arbeiten, die Kluft dazwischen zu überwinden.

Interessant hierbei ist, dass sich die Definition von Identität über die Jahrzehnte vor allem dahingehend verändert hat, den Untersuchungsgegenstand selbst als anderen wahrzunehmen – ihn nämlich explizit in den Plural zu setzen. Ein Mensch verfügt nicht über *ein* Inneres, sondern über innere Welt*en* und besitzt damit auch nicht nur eine Identität, sondern mehrere Identität*en*. Im Sinne Fends wird das Identitätsproblem abgelöst von einem Konzept des „Projektentwurfs des eigenen Lebens",[64] oder, laut Keupp, vielmehr noch von einer „Abfolge von Projekten",[65] am wahrscheinlichsten sogar von einer „gleichzeitige[n] Verfolgung unterschiedlicher und teilweise widersprüchlicher Projekte".[66]

Hall spricht von „mehreren, sich manchmal widersprechenden oder ungelösten Identitäten", aus denen das postmoderne Subjekt zusammengesetzt ist. Es sei außerdem „ohne eine gesicherte, wesentliche oder anhaltende Identität konzipiert", wodurch Identität als solche ein „bewegliches Fest" werde:

> „In uns wirken widersprüchliche Identitäten, die in verschiedene Richtungen drängen, so daß unsere Identifikationen beständig wechseln. Wenn wir meinen, eine einheitliche Identität von der

---

61 Keupp u.a. (2008): S. 30.

62 Ebd.

63 Ebd.: S. 28.

64 Ebd.: S. 30.

65 Ebd.

66 Ebd.

> Geburt bis zum Tod zu haben, dann bloß, weil wir eine tröstliche Geschichte oder ‚Erzählung unseres Ich' über uns selbst konstruieren. Die völlig vereinheitlichte, vervollkommnete, sichere und kohärente Identität ist eine Illusion. In dem Maße, in dem sich die Systeme der Bedeutung und der kulturellen Repräsentation vervielfältigen, werden wir mit einer verwirrenden, fließenden Vielfalt möglicher Identitäten konfrontiert, von denen wir uns zumindest zeitweilig mit jeder identifizieren könnten".[67]

Der Mensch in der postmodernen Gesellschaft definiert sich also gleichzeitig auf vielerlei Ebenen, kann Hausfrau und zugleich Beamtin sein, Mutter und begeisterte Sportlerin, vielleicht nebenbei noch Studentin, Bloggerin, Buchautorin – die Möglichkeiten sind vielfältig und erheben den Anspruch, ausgeschöpft zu werden. In unserer aktuellen Gesellschaft wird den Einzelnen die Aufgabe auferlegt, sich aktiv ein Konglomerat an Identitäten, eine Patchwork-Identität zu bilden, durch die man sich definiert. Oder anders ausgedrückt: durch die man sich eine kohärente „Erzählung des Ich" konstruiert. Hall spricht hier einen psychologischen Ansatz an, den auch Kraus für geeignet hält, um diese alltägliche Identitätsarbeit verständlich zu machen.

Ausgangspunkt dafür ist die Theorie der narrativen Psychologie, dass Menschen ihr ganzes Leben sowie ihre Beziehung zur Welt als Erzählungen gestalten. Die Narration wird zum „grundlegenden Modus der sozialen Konstruktion von Wirklichkeit",[68] Träume, Hoffnungen, Glaube, Pläne, Kritik, sämtliche Erinnerungen werden narrativ konstruiert und wahrgenommen, ja das gesamte menschliche Denken funktioniert in dieser Form. Damit ist es in soziales Handeln eingebettet, das heißt, es kann für andere sichtbar gemacht werden und dazu dienen, die Erwartung von zukünftigen Ereignissen zu begründen. Ereignisse werden von Menschen ebenso narrativ wahrgenommen wie weiterverhandelt, sie werden so „mit dem Sinn einer Geschichte aufgeladen. Ereignisse bekommen die Realität eines ‚Anfangs', eines ‚Höhepunktes', eines

---

67 Hall (1994): S. 182.

68 Kraus (1999): S. 4.

'Tiefpunktes', eines 'Endes' usw".[69] Das Subjekt organisiert sich, so seinen Erfahrungsstrom erzählend, in Geschichten.

Diese Art von Organisation hat bestimmte Merkmale und Regeln: Sie geschieht über gesellschaftlich vermittelte, bekannte Erzählformen, etwa einer Progressions- oder Regressionserzählung. Sie bedingt zweitens soziale Aushandlungsprozesse, das heißt, Personen, die in der Geschichte als Figuren vorkommen, müssen ihre Rolle bestätigen. Drittens ist jede dieser Geschichten auf gewisse Weise zukünftig, sie läuft auf ein Ziel hin. Viertens besitzen sie eine bestimmte Entfaltungsdynamik, die durch Kausalität und Sequentialität gestützt wird.

Durch diese Art, vergangene, gegenwärtige und zukünftige Erfahrungen wahrzunehmen und abzuhandeln, entsteht auch eine so genannte *narrative Identität*.[70] Sie kann definiert werden als „die Einheit des Lebens einer Person, so wie diese Person sie in den Geschichten erfährt und artikuliert, mit denen sie ihre Erfahrung ausdrückt".[71] Dabei ist es wichtig, diese 'Lebensgeschichte' nicht als eine einzige aufzufassen, und schon gar nicht als stabiles Konstrukt, das nach Belieben präsentiert werden könnte und immer die gleiche Form behält. Vielmehr besteht ein Leben aus einem möglicherweise sehr widersprüchlichen, mannigfachen, vielgestaltigen Patchwork an Geschichten, die vom Subjekt aus seinen Erfahrungen und Wahrnehmungen vielfältig konstruiert werden. Dieses Patchwork unserer 'Selbstgeschichten' wiederum ist ein lebenslanges 'work in progress' – seine Teile verändern sich immer wieder, bekommen unterschiedliche Färbungen, werden stärker oder weniger stark betont oder gar ausgelassen, vielleicht sogar vergessen oder nach einiger Zeit nicht mehr als relevant empfunden. Auch die 'Zuhörerschaft' spielt eine wichtige Rolle: Je nachdem, wer der/die Gesprächspartner/in ist, welches Selbstbild vor ihm/ihr präsentiert werden soll, wie er/sie reagiert, inwiefern er/sie Teil der Geschichte ist, möglicherweise bestimmte Abschnitte oder Figuren kennt oder eben nicht, verändert sich die Erzählung. Das gilt auch für einen selbst als Zuhörer/in.[72]

Identitätskonstruktion als Erzählen zu begreifen, hat nach Kraus vor allem den Vorteil, das Subjekt aus dem von ihm so genannten „kohärenz-

---

69 Gergen & Gergen (1988): S. 18.

70 Gergen (1988), Ricoeur (1991) und Meuter (1995) nach Kraus (1999).

71 Widdershoven (1993): S. 7.

72 Vgl. Kraus (1999): S. 1–6.

fixierten" Blick zu rücken. Nicht alles, was vom Subjekt getan oder gesagt wird, hängt zwangsläufig mit der Zuschreibung seiner Identität zusammen. Vielmehr geht es für Kraus um „Erzählversuche", „Umerzählungen" und „Neuerzählungen", die man mit einer Konstruktionsarbeit von Identitäten gleichsetzen kann. Narratives Formen von Identität ist mit Aktivität, ja mit Anstrengung verbunden und keinesfalls beliebig.

Was mir außerdem sehr einleuchtend und brauchbar an diesem speziellen Ansatz erscheint, ist die erneute Fokussierung auf Widersprüchlichkeit und Vielfältigkeit. Das Subjekt ist in einer ungemeinen Vielzahl unterschiedlicher Lebenswelten verankert, für die es eigene Formen der Selbst-Narration verwendet: Schulerfahrungen, erste Liebe, Berufseinstiege, Freizeit etc. Es erzählt mehrere Identitäten gleichzeitig, nacheinander, vielleicht sogar gegeneinander, und wächst damit prozesshaft.

1.3.2.3 Postmoderne narrative Patchwork-Identität

Eine mögliche, vielfach angewandte Art, Postmoderne zu resümieren, besteht, wie gesagt, in ihrer Gleichsetzung mit dem „Ende der gesellschaftlichen Meta-Erzählungen".[73] Wieder geht es um die narrative Konzeption von Wirklichkeiten, die sich mit der Postmoderne aber scheinbar auflösen. Aufklärung, Historismus und Idealismus bieten keine allgemein verbindliche Wahrheit und Zielorientierung mehr für die Subjekte – bestimmte gesellschaftliche Handlungsweisen werden nicht mehr in einem „absoluten, über jeden Zweifel erhabenen Sinn"[74] legitimiert und als sinnhaft deutlich gemacht. Für Kraus heißt das aber nicht, dass Individuen sich selbst nicht mehr erzählend begreifen könnten, sollten oder wollten. Vielmehr wird die Erzählaufgabe des/der Einzelnen umso wichtiger und schwieriger. Er argumentiert folgendermaßen:

> „Frühere Gesellschaften und Epochen, die kohärente Angebote der sozialen Konstruktion von Realität gemacht haben, erleichterten es den Individuen, ihre Selbst-Narration im Sinne von Narrationsnestern anzubinden. Aber dennoch: Ein Verzicht auf einen narrativen Selbstentwurf und auf die damit konstruierte Kohärenz hat die Selbstauflösung des Subjektes zur Folge".[75]

Eine stabile, einheitliche Selbsterzählung wird durch den Mangel an vorgegebenen Mustern und den Zurückwurf auf sich selbst, wie bereits umfassend thematisiert, ein Ding der Unmöglichkeit. Unverzichtbar bleibt es dennoch, an der eigenen narrativen Identität zu arbeiten, denn mit den großen Erzählungen löst sich nicht gleichzeitig das Selbst auf. Die erlebten Erfahrungen müssen ‚weiterhin' in einen inneren Zusammenhang gebracht werden, wodurch sich das Patchwork-Konstrukt Identität eines/einer jeden Einzelnen bildet.

Die Schwierigkeit, sich selbst möglichst kohärent zu erzählen, kann nach Kraus aus zwei Perspektiven analysiert werden: Die erste bezieht sich auf die Ausgestaltung eines so genannten „well formed narrative", also einer „gelungenen Selbstnarration". Der zweite Zugang besteht darin, die

---

73 Lyotard (1999).

74 Hoffmann (2006): S. 265.

75 Kraus (1999): S. 15.

Definition eines solchen „well formed narrative" selbst zu untersuchen, also der Frage nachzugehen, ob sich das Verständnis einer „gelungenen Form" womöglich verändert hat. Ausgehend von beiden Blickwinkeln resümiert Kraus, angelehnt an McHale, Anderson, Gergen, Wagner, Neupert und Keupp, eine Reihe von Kennzeichen explizit postmoderner Identitätsbildung:

1) Plurale Erzählwelten: Das postmoderne Subjekt arbeitet mit einer Vielzahl unverbundener Selbstdiskurse.

2) Individualität: Postmoderne Selbsterzählungen lassen sich nicht in ihnen übergeordnete gesellschaftliche Diskurse einbetten, sie sind individualistisch.

3) Gegenwart statt Zukunft: Der Planbarkeit der eigenen Identität in der Zukunft wird wenig bis gar kein Glaube mehr geschenkt.

4) Situativer Bezug: Die Selbsterzählung situiert sich im Hier und Jetzt, wobei die Rolle des/der Erzählers/Erzählerin aufgespalten wird. Indem er/sie Erzähler/in, Kommunikationspartner/in und Akteur/in in einem ist, wird mit der Erzählsituation gespielt.

5) Reduzierter Erzählbogen: Es wird kein Wert mehr auf eine Sinnstiftung über ein ganzes Leben oder einen langen Lebensabschnitt hinweg gelegt – Erzählungen beziehen sich auf sehr viel kürzere Einheiten.

6) Betonung von Kontingenz: Im Grunde ist ‚alles' möglich. Es wird nicht nur an der Wirkung von übergreifenden Sinnstiftern und Schicksalsmächten gezweifelt, sondern auch daran, dass der/die Einzelne absolute/r Handlungsträger/in ist.

7) Sinnlich-ironischer Gestus: Das Subjekt ‚spielt' vermehrt mit Interaktionssituationen, die der Ort sind, um sich zu zeigen und zu erfahren.

8) Verwendung von Ready Mades: Gleichzeitig verleitet der Zweifel an der Haltbarkeit von Projektentwürfen Individuen dazu, wieder „klassische Selbsterzählungen" als Versatzstücke in den situativen Narrationen zu zitieren.

9) Situative Definition der Akteursrolle: Weder kann der/die Akteur/in in der Selbsterzählung sein/ihr Schicksal selbst in die Hand nehmen, noch ist der/die Erzähler/in in dem Sinn ‚allmächtig', als dass er/sie ein ‚Happy End' der Erzählung konstruieren könnte.

10) Offenes Ende: Da der/die Erzähler/in weder auf ein gutes Ende hoffen noch den Verlauf seiner/ihrer ‚Geschichte' wirklich kontrollieren kann, bleibt die Erzählung in sich offen.[76]

Es wird natürlich auffallen, dass sich einige der Punkte mit den in Kapitel 1.3.2.1 konstatierten Umbruchserfahrungen in der postmodernen Gesellschaft überschneiden. Individualisierung von Selbsterzählungen etwa kann mit der Entgrenzungserfahrung zwischen individuellen und kollektiven Lebensmustern gleichgesetzt werden. Trotzdem ist der Blickwinkel hier ein anderer, konkreterer: Es geht explizit um die Ausbildung von Identität in der aktuellen Gesellschaft und nicht nur um allgemeine subjektive Erfahrungen, die diese beeinflussen.

Komprimiert lässt sich die Definition einer gelungenen postmodernen Identitätsbildung, die sich ohne Zweifel seit vorherigen Epochen und Denkrichtungen gewandelt hat, folgendermaßen beschreiben:

Die Identität oder Selbsterzählung des Subjekts in der postmodernen Gesellschaft ist individualistisch wie nie zuvor, das heißt unabhängig von vorgegebenen, genormten Rahmen und geteilten Meinungen. Sie wird außerdem vom Individuum ‚nur' gegenwärtig beziehungsweise für sehr kurze Lebensabschnitte erarbeitet – für die Zukunft kann und muss noch nicht feststehen, als wen man sich begreift. Das Leben und Sein wird von einem selbst gleichzeitig als Erzähler/in, Haupt- und Nebenfigur verstanden, die Erzählsituation der Selbst-Narration schwankt zwischen auktorial, personal oder auch neutral. Betont wird außerdem ein Riesenkontingent an verschiedenen Möglichkeiten, sein Selbst zu gestalten, wobei das Subjekt trotzdem nicht absoluter Handlungsträger ist (Kraus spielt hierbei wohl auf die von ihm nur als scheinbar wahrgenommene Chancengleichheit an), genausowenig wie eine übergreifende Instanz. Trotz dieser Menge an verschiedenen Möglichkeiten und der Befreiung aus genormten Mustern kann und wird auch auf ‚Ready Mades' zurückgegriffen. Besonders postmodern mutet das Kennzeichen des „sinnlich-ironischen Gestus" an: Die Erzählung des Selbst wird teilweise ironisiert beziehungsweise ironisch als Spiel wahrgenommen und umgesetzt.

---

[76] Vgl. Kraus (1999): S. 15f.

2 Literatur und Identität

2.1 Identitätskonstruktion von Leser/innen und Figuren

> „Literarische Texte leisten einen zentralen Beitrag zur Identitätsbildung, weil sie permanent Identitätsbildungsprozesse durchspielen. Man könnte sogar sagen, dass es ihre zentrale Aufgabe ist, beispielhaft (am Beispiel von Figuren) Angebote der Identitätskonstruktion zu machen oder zu verwerfen“.[77]

Vor allem in Anbetracht der ‚postmodernen Haltlosigkeit‘ suchen Individuen zunehmend nach scheinbar ausgeformten Identitätsmustern in künstlerischen Medien, wie literarischen Texten. Da Literatur generell die aktuelle gesellschaftliche Situation bis zu einem gewissen Grad zu spiegeln versucht, steigen mit der Konjunktur des Begriffs ‚Identität‘ auch die Häufigkeit und der Bedarf, ihn als Thema zu behandeln. Fiktive Figuren in Romanen, Dramen, Gedichten oder auch visuellen Medienformen wie Filmen oder Serien bieten Identifikationsangebote für die Rezipient/innen und geben ihnen damit Sicherheit in ihrem Sein, ja bestätigen oder negieren sie in bestimmten Rollen, die sie in ihrer (wirklichen) Welt einzunehmen glauben oder an denen sie gerade arbeiten. Voraussetzung dafür ist nach Neuhaus allerdings „die Bereitschaft, die eigene Identitätskonstruktion als nicht endgültig abschließbaren Prozess zu betrachten“,[78] also von einem wie weiter oben ausführlich beschriebenen Identitätsmodell auszugehen, wie Keupp oder Kraus es postulieren.

Interessant hierbei ist zu beobachten, inwieweit auch literarische Figuren, die als solches schon konstruiert sind, als fiktive Individuen dargestellt werden, die mit derselben Problematik wie ihre Leser und Leserinnen zu

77 Neuhaus (2009): S. 90.

78 Ebd.

kämpfen haben: als aktiv an ihrer Identität oder Selbsterzählung arbeitend, worin sie nicht immer erfolgreich sind. Dadurch, dass es sich hier um einen fiktiven Konstruktionsprozess von fiktiven Identitäten handelt, verdoppelt sich dieser Prozess gewissermaßen – nicht nur die Figur selbst konstruiert sich ihre Identität, allen voran hat ihr/e Schöpfer/in sie kreiert.

2.2 Postmoderne, Popliteratur und Identität

Identitätsbildung von Individuen in der Postmoderne, die vorgefasste Normen nicht nur nicht mehr zur Verfügung haben, sondern auch bis zu einem gewissen Grad bewusst ablehnen, wird vor allem in, wenn man so will, spezifisch postmodernen Strömungen wie der Popliteratur zum Gegenstand.

Enge Berührungspunkte verbinden nach Dieter Hoffmann beide Entwicklungen, wenngleich die Betrachtungsebenen natürlich unterschiedlich sind. Die Postmoderne kann als gesamtgesellschaftliche Tendenz aufgefasst werden, wohingegen Popliteratur eine Richtung eines Teils der Kultur dieser Gesellschaft bezeichnet. Bezogen auf Literatur wirkt dennoch beider grundlegender Anspruch verbindend zwischen ihnen: den Graben zwischen hoher und als trivial eingestufter Kunst endgültig zu schließen.

Fiedler weist in seinem programmatischen Aufsatz schon 1969 darauf hin, dass diese Überwindung von bis dahin geltenden Grenzen durch junge, amerikanische Autoren, die „sich offen der Formen des Pop“[79] bedienten, eingeleitet würde. Dabei bezieht er sich auf „Pop“ im Sinne von „popular culture“, auf Deutsch am ehesten mit „Massenkultur“ übersetzbar, die, wenn man sie auf ihr wesentliches Merkmal reduziert, der Hoch- oder Elitekultur oppositiv gegenübersteht. Welche gesellschaftlichen Gegenstände und Aktivitäten ihr zuzuordnen sind, ist damals wie heute allerdings genauso wenig klar definiert wie ihr Verhältnis zur Gesamtkultur.[80] Nach Hügel etwa besteht das einzige Merkmal, worüber sich Forschung und Teilnehmer/innen an der Populärkultur einig sind, darin, dass „sie Spaß macht“.[81]

Fiedler hingegen wirkt – verständlicherweise – noch überzeugt von der „anderen Seite des Grabens“ als Definition von Pop und beschreibt das Prinzip der neuen Romanformen in diesem Sinne als „möglichst weit weg von Kunst und Avantgarde, weit entfernt von Innerlichkeit, Analyse und Anspruch, daher immun gegen sowohl Lyrizismus als auch platten sozialen

---

79 Fiedler (dt. 1984) in Welsch (2002): S. 62.

80 Vgl. http://www.kulturglossar.de/html/p-begriffe.html#projektarena, abgerufen am 10.01.2013.

81 Hügel (2003): S. 1.

Kommentar".[82] Interessant ist, dass auch er schon ein weiteres bedeutendes Charakteristikum der Popliteratur, nämlich den Konsum- und Vermarktungsaspekt, anspricht:

> „Sie [*die jungen Pop-Autoren*][83] fürchten nicht den Kompromiß des Marktplatzes, ganz im Gegenteil, sie wählen dasjenige Genre, das sich der Exploitation durch die Massenmedien am ehesten anbietet, den Western, Science-fiction und Pornographie".[84]

Diese bewusste Nutzung von marktspezifischen Gegebenheiten ist ein weiteres verbindendes Glied zwischen popliterarischem und postmodernem Schaffen. So versteht Christian Schärf die Begriffszusammensetzung „Postmoderne in der deutschen Literatur" als „Versuch der Etablierung der Literatur im populistischen Rahmen der Marktkriterien [...], die den als elitär abqualifizierten Horizont autonomer Ästhetik ersetzen sollte".[85] Es seien, durch die Postmoderne-Diskussion in den 80ern initiiert, „neue Kulturwerte" gesetzt worden, die die literarische Produktion in die allgemeine Marktsituation einbanden und die Autor/innen dem Druck aussetzen, sich wirkungsvoll vermarkten zu müssen.[86] Auch hier wurde ein Graben geschlossen, Literatur wird endgültig als Produkt aufgefasst, als ökonomisches Gut, das nach den Prinzipien der Marktwirtschaft an den/die Käufer/in gebracht werden soll. Erneut werden Kunst und Leben – letzteres diesmal im Sinne von alltäglichem Massenkonsum – vermischt.

Klaus Briegleb steht dieser Entwicklung kritisch gegenüber:

> „Wie populistisch, wie vorverkauft an das Publikum muß eine Literatur werden, bis sie die Mechanik der Welt nicht mehr stört?"[87]

Schärf geht daran anschließend sogar so weit, die Frage aufzuwerfen, ob Postmoderne, auf die deutsche Literatur bezogen, nicht, fernab von Ästhetik und Poetologie, ausschließlich als „fundamentale Entdifferenzierung des Ästhetischen und seine Einpassung in die Konsum-

---

82 Fiedler (dt. 1984) in Welsch (2002): S. 62.

83 Anmerkung von mir.

84 Ebd.

85 Schärf (2001): S. 170.

86 Vgl. Ebd.

87 Briegleb (1992): S. 381.

bedingungen des Spätkapitalismus und seiner digitalen Fortsetzung"[88] zu verstehen sei.

Für die Zwecke dieser Arbeit relevant bleiben, trotz dieser nachvollziehbaren Kritik, die dadurch sichtbar werdenden Andockstellen zwischen Postmoderne (die Gesellschaft, das Denken, das Individuum und seine Identitätsbildung betreffend) und Popliteratur. Wie zeitgemäß die sie verbindenden Begriffe ‚Populär-' und ‚Hochkultur' sowie generell eine Zweiteilung von ‚Kultur' sind, beziehungsweise was mit letzterem überhaupt noch bezeichnet werden kann, bleibt natürlich fraglich.

Martin Fritz sieht die Begriffe in den meisten Definitionen „zu einer Unschärfe verzerrt, mit der eigentlich gar nichts Konkretes mehr gesagt werden kann",[89] wie etwa in Metzlers *Lexikon Literatur- und Kulturtheorie*:

> „der Begriff Populärkultur umfaßt die sich überschneidenden Räume der Volkskultur, der Massenkultur und der Subkulturen, wobei je nach Definition der Aspekt der aktiv zugreifenden Alltagspraxen oder der Aspekt der gleichschaltenden Konsumtion betont wird. – Die Konzeptionsgeschichte der Populärkultur ist engstens mit der Hochkultur verwebt, zu der Populärkultur seit dem 19. Jahrhundert den meist wertend verwendeten Gegenbegriff darstellt […]".[90]

Fritz bemängelt hier zurecht das Verschieben der gefragten Definition auf die Bereiche „Volkskultur", „Massenkultur" und „Subkulturen", die als Begriffe ihrerseits nicht näher erklärt werden, sowie das Reduzieren von „Populärkultur" auf einen Gegenbegriff zu „Hochkultur", zu dem wiederum kein eigener Eintrag vorliegt. Einzig „Subkulturen" findet man definiert:

> „Subkulturen, Zusammenschlüsse von Gruppen innerhalb einer Gesellschaft auf der Basis gemeinsamer Interessen, Wertvorstellungen oder als Reaktion auf Marginalisierungsprozesse. Ursprünglich vorwiegend sozial, ethnisch oder religiös definiert,

88 Schärf (2001): S. 170.

89 Fritz (2008): S. 13.

90 Nünning (2008): S. 581.

> wird der Begriff seit den 1960er Jahren zunehmend in Bezug auf jugend- und gegenkulturelle Strömungen verwendet […]".[91]

Die Erklärung mag so nicht gänzlich falsch sein, bietet aber nur eine sehr allgemeine Definition, die grundsätzlich auf jede Art von ‚Gegenbewegung' zutrifft. Mehr Sinn wird es also machen, noch einmal einen Schritt zurück zu gehen und einen Moment lang beim Begriff „gleichschaltende Konsumtion" zu verharren.

Es geht also um Konsum, der von allen Individuen einer Gesellschaft gleichermaßen betrieben wird, also als gesamtgesellschaftliches Phänomen zu verstehen ist, das vereinheitlicht. Erklärt sich ‚Hochkultur' als Gegensatz dazu, bezeichnet oder bezeichnete sie die kulturellen Leistungen einer sich abgrenzenden Elite, die man mit dem Wort ‚Kunst' fassen könnte. Eine Präzisierung des Begriffs, der auch Bildung, Wissenschaft, Technik oder etwa die Gestaltung von Städten miteinbeziehen würde, wurde nach wie vor nicht erreicht, wenn auch von Seiten der Kulturökologie, Kultursemiotik sowie in Zusammenhang mit Debatten um eine Kulturwissenschaft angestrebt.[92]

Deutlich wird und wurde allerdings immer mehr, dass sich ‚Kultur' nicht mehr in verschieden zu wertende Teile splittern lässt, was gleichzeitig als Widerspruch gegenüber der dargestellten Debatte *und* als ihr Ergebnis gewertet werden kann.

Wie nun aber kann Popliteratur darauf aufbauend definiert werden und inwieweit steht sie in Zusammenhang mit der postmodernen Identitätsfrage?

Eines ihrer Hauptmerkmale ist der (vermeintliche) inhaltliche Fokus auf eine Welt der Waren und Oberflächlichkeiten. In der aktuellen gesellschaftlichen Situation der Pluralität und Multioptionalität sind es Konsumartikel, die dem Individuum sinnstiftende Referenzen bieten, ein Gefühl der Zugehörigkeit vermitteln können, Identifikationsflächen liefern – genau das wird in Pop-Romanen fiktional nachgebildet, natürlich poetisch überzogen.

---

91 Nünning (2008): S. 692.

92 Vgl. Ebd.: S. 391f.

Zunächst nun aber zu einer Konkretisierung des Begriffs ‚Pop-Literatur', die es erleichtern wird, Bezüge zum Thema postmoderne Identität herzustellen.

2.2.1 Definition von Popliteratur

Vorneweg muss man zwischen der hier relevanten, neueren Popliteraturwelle der 90er-Jahre und der Bewegung in den 60ern unterscheiden, deren grundlegende Triebkraft in der Überwindung von besagtem Graben zwischen Hoch- und Trivialliteratur lag und die sich grundsätzlich als provozierende Gegenkultur verstand. Wie Fiedler es später im *Playboy* thematisiert, wurden dafür gezielt Ausdrucksformen der (zumindest damals sich stark von ‚Kunst' oder ‚Hochkultur' abhebenden) ‚popular culture' verwendet. Der aus der Musik stammende Begriff „Pop" verweist nach Thomas Ernst in diesem Sinne sowohl auf das Wort „popular" beziehungsweise ‚populär' als auch auf den Laut „pop" als Ausdruck eines Knalls oder Zusammenstoßes.[93]

Unter dem Einfluss der amerikanischen *Beat Generation*, die in den 50er-Jahren mit expressiven Texten ihre Kritik am amerikanischen Traum äußerte, war es vor allem Rolf Dieter Brinkmann, der Ende der 60er-Jahre Fiedlers Begriff in Deutschland einführte und den Literaturbetrieb nach und nach in eine neue Richtung lenkte. Als einer der wenigen, die Fiedlers Thesen relevant genug für eine Auseinandersetzung hielten, plädierte er für eine Zusammenführung von Literatur und neuen Medien, eine filmisch-unmittelbare Schreibweise und die thematische Hinwendung zum urbanen Leben sowie zu Alltagserfahrungen, etwa in Zusammenhang mit Musik und Drogen. Indem er außerdem Text- und Collagensammlungen mit den Werken amerikanischer Künstler wie Berrigan, Warhol und McLuhan herausgab (beispielsweise 1968/69 *ACID. Neue amerikanische Szene*, zusammen mit Ralf-Rainer Rygulla), begründete er eine deutsche Pop-Underground-Szene, die sich vor allem durch ihre subkulturelle und subversive Mentalität auszeichnete. Sie war nicht zuletzt ein Weg zur Befreiung und Protest gegen die nationalsozialistische Vätergeneration.[94]

Dieser Charakter verlor sich nach Ernst in der neueren Popliteratur-Welle der 90er-Jahre. Das „Programm einer Außenseiterszene, die sich auf die populäre Kultur bezog und daraus Versatzstücke für die eigene Identität ableitete",[95] wurde laut ihm zu einer „Unterhaltungsdienstleistung innerhalb

93 Vgl. Ernst (2001): S. 7.

94 Vgl. Ebd.: S. 6–9 und S. 34–37.

95 Ebd.: S. 8.

der Kulturindustrie, Synonym für eine Art ‚Easy Reading'".[96] Wurden in den 70er- und 80er-Jahren massenkulturelle Phänomene noch von Subkulturen kreativ eingebaut und verarbeitet, kehrte sich dieses Verhältnis im Laufe der 90er-Jahre um: Die Kulturindustrie begann nun, gegenkulturelle Nischen zu benutzen und sich zu Eigen zu machen. So landete beispielsweise die Independent-Musik von *Nirvana* 1991 problemlos in den allgemeinen Charts.[97]

Auch die zuvor nur von einer geringen Leserschaft geschätzte Popliteratur wurde nun zum Publikumsliebling, konnte also wieder an die Bedeutung ihres Begriffsursprungs ‚popular' anknüpfen. Diese neue breite Rezeption stand allerdings in deutlichem Gegensatz zum Umgang mit dem politisch engagierten Pop der vergangenen Jahrzehnte, was geradezu reflexartig eine durchwegs ablehnende Haltung in den Reihen der etablierten Literaturkritik auslöste.

Den Popliterat/innen der 90er wurden fehlende politische Ambitionen, zu offensive Vermarktungsbereitschaft und nicht zuletzt eine thematische Oberflächlichkeit ihrer Werke vorgeworfen. Letztlich wurde den neuen Texten größtenteils nicht einmal das Attribut ‚Literatur' zuerkannt.[98] Es wurde nach Degler und Paulokat „ein Kampf um kulturelle Deutungshoheit ausgetragen, der aus einer doppelten Kränkung resultiert[e]: Die ‚Jungen' machen es sich zu leicht – und haben auch noch Erfolg damit".[99] Christian Kracht, der mit *Faserland* eine Art ‚Initialzündung' für die Neue Deutsche Popliteratur setzte und sich selbst als ‚Popstar' sowie, angelehnt an seine Figuren, als gleichgültiger ‚Wohlstandsdandy' inszenierte, galt dafür natürlich als Paradebeispiel.

Seit Anfang der 90er bis jetzt hat sich glücklicherweise einiges getan, was eine unvoreingenommene Betrachtungsweise dieser neuen Literatur gegenüber angeht. Wenngleich immer noch keine allgemein verbindliche Definition möglich ist, wird die Popliteratur der letzten 20 Jahre (sofern sie mittlerweile nicht lange schon wieder neue Formen angenommen oder sich gar ‚aufgelöst' hat, was im Laufe der Romananalysen noch zu klären sein wird) doch als hochwertige Literatur angesehen. Die Inszenierungs-

---

96 Ernst (2001): S. 8.

97 Vgl. Ebd.: S. 58f.

98 Vgl. Degler & Paulokat (2008): S. 7f.

99 Ebd.: S. 8.

strategien ihrer Autor/innen sowie ihre scheinbare Oberflächlichkeit werden dabei als ein wichtiger Teil von ihr akzeptiert.

Anstatt sich nun auf einen defizitär bleibenden Definitionsversuch des diffusen Begriffs ‚Popliteratur', der in einem noch diffuseren Gegenstand – nämlich Pop – gründet, zwanghaft zu fixieren, macht es Sinn, in weiterer Folge einzelne thematische Aspekte zu betrachten, die in der Forschung immer wieder mit Popliteratur in Verbindung gebracht wurden und werden. Degler und Paulokat schlagen hierzu folgende Kriterien, die sowohl popliterarische Themen und Motive, sprachliche und formale Eigenschaften als auch mediale und publizistische Besonderheiten abstecken, vor:

1) Intermediale Inszenierungen: Autor/innen als Popstars.

Nach der Rückkehr des Erzählens in der postmodernen Literatur der 80er sind in der Neuen Deutschen Popliteratur der/die Autor/in und Autorschaft wieder relevant geworden, so Degler und Paulokat. Es handelt sich hierbei sowohl um eine ästhetische Strategie als auch um eine Notwendigkeit des Verlagsmarketings, das im Medienverbund auf Personalisierung angewiesen ist. Der Poproman wird als Kult und sein/e Urheber/in als ‚Popstar' innerhalb der medialisierten Welt vermarktet. Dabei betreiben Popliterat/innen „auf teilweise exzessive und provozierende Weise eine intermediale Inszenierung ihres Werkes und ihrer selbst".[100]

2) Popmusik als Thema und Formatvorlage der Literatur.

Popmusik ist einerseits „ein wichtiger Bezugspunkt in der fiktionalen Welt der Neuen Deutschen Popliteratur, weil sie Leitmotiv im Leben popsozialisierter Jugendlicher ist, welche als Handlungsträger der Romane fungieren"[101] und andererseits auch auf formaler Ebene Vorbild. Popliteratur verwendet Formzitate, die „über den Text hinaus bis hin zur Cover-Gestaltung reichen"[102] und orientiert sich darüber hinaus auch in

[100] Degler & Paulokat (2008): S. 15.

[101] Ebd.: S. 25.

[102] Ebd.: S. 10.

ihren Inszenierungspraxen an Verfahren, die aus dem popmusikalischen und generell popkünstlerischen Bereich stammen.

3) Arbeit am Archiv: Die Semantik von Marken und Medien.

Neben Musik spielen in der Neuen Deutschen Popliteratur auch „Kleidung, Stil und Besitztümer sowie die dazugehörige Marken-Welt und ihre medialen Distributionskanäle"[103] eine wichtige thematische Rolle. Die Relevanz wird allerdings nicht durch die Objekte selbst erzeugt, sondern durch „ihre semiotische Aufladung durch kulturelle Zuschreibungen".[104] Figuren, Milieus und Szenen werden durch Markennamen soziographisch gekennzeichnet, erhalten dadurch eine bestimmte Identität. Über die Nutzung einer bestimmten Jeansmarke oder eines Uhrenfabrikats beispielsweise können Rückschlüsse auf eine Person gezogen werden, sowie aus ihren Lese-, Musik- und Mediengewohnheiten. Die Bedeutung audiovisueller Medien wird demonstriert, welche ein kollektives Wissen schaffen, auf das man sich beziehen kann. Prominente werden generiert, die eine Vorbildwirkung ausüben können, die Weltwahrnehmung und individuelle Ausdrucksweise werden außerdem durch vorgegebene Medien-Muster bestimmt: Im Poproman verhalten sich Figuren „wie im Film" oder wie ein bestimmter, über die fiktionale Welt hinaus bekannter Promi, sie transportieren ihre Gefühle „via Musik oder mit Hilfe von Verweisen auf Kinofilme oder Werbeclips".[105] Damit stellt die Neue Deutsche Popliteratur „eine Enzyklopädie bzw. einen Thesaurus medialer Gegenwart zusammen und archiviert damit die Kultur unserer Zeit".[106]

4) Jugend und Generationenkonflikte im ‚popmodernen' Adoleszenzroman.

Generell sind Pop und Jugend eng miteinander verknüpft, da die heutige Populärkultur in ihren grundlegenden Erscheinungsformen aus dem Lebensgefühl einer neuen Jugendkultur entstanden ist. Vorrangig ist es die Jugend einer Generation, die sich über popkulturelle Produkte und Werte definiert und damit auch Abgrenzungs- und Identitätsbildungsprozesse zu

103 Degler & Paulokat (2008): S. 10.

104 Ebd.

105 Ebd.

106 Ebd.: S. 34 sowie zum Thema Archiv: Baßler (2002).

einem wichtigen Motiv der Popliteratur macht. In vielen Popromanen stehen jugendliche Protagonisten, dargestellt in einer popkulturell geprägten Welt, im Zentrum und ziehen ein gleichaltriges Lesepublikum an, das Identifikationsmöglichkeiten in ihnen findet. Viele der ersten wissenschaftlichen Untersuchungen über Popliteratur fanden aus diesem Grund im Rahmen einer Jugendliteraturforschung statt und warfen zudem die Frage nach Generationenkonflikten als Thema auf.

5) Gesellschaftskritik, Political Correctness und der ästhetische Zustand der Politik.

Grundsätzlich ist es der häufigste Vorwurf gegen die Neue Deutsche Popliteratur, dass keine gesellschaftliche und politische Kritik in dem Sinne geübt wird. Zurückzuführen sei dies mit Degler und Paulokat auf eine grundlegende Forderung an Literatur in der Nachkriegszeit: politisches Engagement zu zeigen. Thematisiert wird dies jedoch gerade durch eine deutliche „Abgrenzungsbemühung gegenüber einer (stark politisierten) Vorgängergeneration [...], welche ihren Kindern jeden Protest voraus hatte, schon alles erkämpft hat, [...] und vor lauter Verständnis, Offenheit und Toleranz ihrer Nachfolge-Generation keinerlei Reibefläche bietet“.[107] Einzige Protestform darauf kann lediglich „ein Rückzug ins Neo-Konservative oder A-Politische“[108] sein. Nichtsdestotrotz werden gerade durch diese teilweise irritierende Verdrossenheit gegenüber einer politischen Haltung die Rolle und Funktion von Politik in der heutigen Gesellschaft reflektiert. Protest gegenüber etwa der vorhergehenden Hippie-Generation wird außerdem durch ein Zusammenführen von Politik und Ästhetik ausgeübt: Figuren in Popromanen lehnen bestimmte politische Einstellungen mit dem Argument ab, ihre Vertreter/innen wären ‚schlecht angezogen‘. Degler und Paulokat streichen zudem hervor, dass es Popliterat/innen jeder Generation nicht in erster Linie darum ging und geht, „die Welt zu verändern, sondern darum, die Art und Weise zu ändern, in der die Menschen die Welt wahrnehmen. Zentrale Mittel hierfür sind Ironie, Provokation sowie präzise Beobachtungen und Beschreibungen“.[109]

---

107 Degler & Paulokat (2008): S. 11.

108 Ebd.

109 Ebd.: S. 53.

6) Alltag und Zeitgeschichte im Funktions- und Speichergedächtnis.

Eine wesentliche Funktion der Gattung Popliteratur ist, wie auch schon von Moritz Baßler in seinem Werk *Der deutsche Poproman* ausführlich hervorgehoben und hier im dritten Punkt angesprochen, die Archivierung von Alltagsphänomenen der Gegenwart. Dies bringe nach Degler und Paulokat die Erkenntnis mit sich, dass Pop nur in der jeweiligen Gegenwart existiert, deren Erscheinungen Popliteratur beschreibt und ästhetisch sichert. In diesem Zusammenhang werden auch Objekte der Massenkultur, die die eigene (also die des/der Popautors/Popautorin beziehungsweise der fiktiven Figuren, die natürlich unabhängig von den erlebten Erfahrungen des/der Schriftstellers/Schriftstellerin sein können) Kindheit und Jugend prägten, als identitätsstiftend erinnert. Nach Degler und Paulokat werden

> „[i]n einem Prozess der kollektiven Kommunikation […] diese Erlebnisse nachträglich als prägend für eine Generation wirksam, die erst aus dem Abstand des Erwachsenseins heraus zu erkennen in der Lage ist, dass es einen solchen Fundus von Gemeinsamkeiten überhaupt gibt“.[110]

Dadurch werden „die ins Speichergedächtnis verbannten Kindheitserinnerungen […] als geteilter Horizont einer Generation wieder entdeckt und literarisch funktionalisiert“.[111] Diese Arbeit am Archiv schließt auch das Dritte Reich als mögliches Thema nicht aus, behandelt es aber oft als familiär verortetes Ereignis. Der Fokus liegt deutlich auf einer schonungslosen Beobachtung des Banalen und rettet so „den Alltag gegenüber einem übertriebenen Pathos der Erinnerungskultur“.[112]

7) Gendertrouble: Männlichkeit, Weiblichkeit und das Dazwischen.

In der ‚Außendarstellung‘ der Neuen Deutschen Popliteratur sind ganz deutlich Männer als dominanter Part zu beobachten. Nichtsdestotrotz existieren genauso Pop-Autorinnen (es werden beispielsweise Sibylle Berg, Alexa Hennig von Lange, Elke Naters und Rebecca Casati genannt), wenn auch oft eher unter der Gattung ‚Fräuleinwunder‘ gefasst, und insbesondere spielen weibliche Figuren in den Texten eine wichtige Rolle. So

---

110 Degler & Paulokat (2008): S. 12.

111 Ebd.: S. 63.

112 Ebd.

sind Themen wie Geschlechterverhältnisse, Geschlechtlichkeit und Geschlechterrollen sehr präsent. Letztere sind „offenbar nicht mehr selbstverständlich garantiert, sondern einem ständigen Prozess der Aushandlung unterworfen".[113] Gleichzeitig ist auch eine deutlich konservative Haltung gegenüber sexueller Orientierung in einigen Texten zu beobachten, so etwa „die erstaunlich verschämte Form latenter Homosexualität bei den Helden Christian Krachts, die [...] mehr an Thomas Mann erinnern als an das große Vorbild Bret Easton Ellis".[114] Andere Werke wiederum sind geprägt „von einer eigentümlichen Offenheit in Bezug auf Sexualität, die zeitweise die Grenze zum Schamlosen überschreitet".[115] Unproblematisch dargestellt wird Sexualität äußerst selten und auch Liebe und Beziehungen scheinen nach Degler und Paulokat in den Romanen der Neuen Deutschen Popliteratur gar nicht oder „nur in einer selbstzerstörerischen Form"[116] zu existieren.

8) Intertextuelle Vorbilder: Die Klassiker im Populären.

Ein weiteres wichtiges Charakteristikum der Popliteratur der 90er-Jahre bis jetzt sind intertextuelle und intermediale Verweise, „vor allem auf das kollektive Wissen, das durch moderne audiovisuelle Medien vermittelt wird".[117] Im Punkt „Arbeit am Archiv" wurde dies auch schon angesprochen, nämlich in dem Sinne, dass die Bekanntheit von bestimmten Filmen, Werbeclips, Popsongs und auch prominenten Personen bei den Leser/innen vorausgesetzt und etwa zur Beschreibung der Gefühlslagen der Figuren eingesetzt wird. Degler und Paulokat fügen hinzu, dass die Autor/innen „bei näherer Betrachtung [...] auch ein souveränes Verfügen über Motive und Stillagen der deutschen Literaturgeschichte [offenbaren]", ja sogar „bei allen Anleihen aus Musik und Film doch in erster Linie auf Literatur setz[en]".[118] Der „typische popliterarische Held" trete „bei aller ‚Schnöseligkeit' als Büchermensch"[119] auf, ja spiele dementsprechend nicht nur häufig auf hochwertige Klassiker

---

[113] Degler & Paulokat (2008): S. 74.

[114] Ebd.: S. 76.

[115] Ebd.: S. 74.

[116] Ebd.: S. 12.

[117] Ebd.: S. 13.

[118] Ebd.

[119] Ebd.

an, sondern verwende Zitate dieser Art auch als „Losungsworte […], um zwischen Banausen und verwandten Seelen unterscheiden zu können“.[120]

9) Krankheit, Tod und die letzten Dinge.

Entgegen dem Vorurteil, dass Popliteratur nur Oberflächlichkeiten zum Inhalt hätte, thematisiert sie auch in hohem Maße so ernste Stoffe wie Krankheit, Grausamkeit, Terror und Tod. Letzterer ist besonders präsent und auf mehreren Ebenen von Bedeutung:

> „Der Tod ist in der Neuen Deutschen Popliteratur dabei nicht nur im buchstäblichen Sinne und in allen möglichen Erscheinungsformen relevant, sondern präsentiert sich auch auf der Ebene einer krankhaften Langeweile, die die Figuren angesichts der Unmöglichkeit zur echten Individualität erfasst. Da im Zeitalter des Posthistoire schon alle Stile und Zeichen bis zum Überdruss kombiniert wurden, fühlen sich die Helden als lebende Tote und die Gesellschaft, in der sie leben müssen, wird als eine Hölle der Simulationen wahrgenommen“.[121]

Besonders hier wird der Bezug zum Thema krisenhafte, postmoderne Identität überdeutlich: Individuen sind übersättigt mit Möglichkeiten, sich selbst zu ‚verwirklichen‘, haben aber gleichzeitig das Gefühl, in keiner wirklichen Halt oder Erfüllung finden zu können. Einzigartig sein zu können, ist längst zu einer Illusion geworden, alles war schon einmal da. Rebellion ist nicht mehr nötig.

Diese „totale Sicherheit der bürgerlichen Existenz“[122] wird als „Ursache für ein Gefühl des Realitätsverlustes“[123] dargestellt, dem nur durch so extreme Einbrüche wie Gewalt und Tod Abhilfe verschafft werden kann. Generell überschattet die Sinnfrage das Genre Popliteratur als großes Hauptmotiv. Die aktuelle gesellschaftliche Situation wird außerdem vor allem unter dem Aspekt der zwingenden individuellen Leistungsfähigkeit und Flexibilität reflektiert.

---

120 Degler & Paulokat (2008): S. 85.

121 Ebd.: S. 13f.

122 Ebd.: S. 97.

123 Ebd.

10) Die tiefen Oberflächen: Irony is over – Bye Bye! [124]

Die Ironie ist in der Neuen Deutschen Popliteratur als Geste so universal geworden, „dass es unentscheidbar bleibt, an welcher Stelle die Texte authentisch sprechen und wo es sich um Äußerungen der gebrochenen Heldinnen und Helden handelt, die den ironisch-melancholischen Gestus des ‚Alles-Schon-Da-Gewesen' pflegen".[125] Es handelt sich um ein sehr komplexes Ironie-Verständnis, das es den Popliterat/innen möglich macht, „sich grundsätzlich jeder fixierbaren Aussage oder jeglicher eindeutigen Haltung zu verweigern",[126] was wiederum „als eine Form von poetischer Notlösung angesichts der schieren Übermacht des Banalen"[127] interpretiert werden kann.

Auf einer abstrakteren Ebene betrachtet, bedeutet dies, auch auf ihre Selbstbezüglichkeit in Form sowie Inhalt als zentrales Motiv einzugehen. Popautor/innen versuchen erst gar nicht, als authentische Personen aufzutreten, sondern inszenieren sich „offensiv als Zeichen eines ‚Autors'".[128] Ebenso wird „nicht die ‚wirkliche' Welt, sondern eine durch Werbung, Marken, Pop-Kultur und -Musik überformte und geprägte Realität"[129] dargestellt und verhandelt, an der ‚wirklichen' Welt wird „ganz demonstratives Desinteresse"[130] gezeigt. Von daher ist auch der freie, ironische Umgang mit Politik und Geschichte zu verstehen, sämtliche Sphären werden „als etwas immer schon indirektes und nur in Form von Zeichen Verfügbares"[131] verhandelt. Auch die geschlechtliche und sterbliche Identität des Menschen wird so im Sinne einer ironischen Lebensform zunächst erprobt. Den Zeichen steht nämlich, ganz im Sinne der Postmoderne, nicht die Welt als letzter Referenzwert zur Verfügung, sondern sie selbst stehen für andere Zeichen. Nicht die „nicht mehr

---

124 Der Titel bezieht sich auf das Motto, das Christian Kracht 1999 der von ihm herausgegebenen Textsammlung *Mesopotamia. Ein Avant-Pop-Reader* voranstellt. Es zitiert eine Zeile aus dem Song *The Day after the Revolution* der britischen Band *Pulp*.

125 Degler & Paulokat (2008): S. 14.

126 Ebd.: S. 113.

127 Ebd.

128 Ebd.: S. 111.

129 Ebd.

130 Ebd.

131 Ebd.

sagbar[e] Wirklichkeit“[132] wird abgebildet, sondern vielmehr ein „Spiel der Oberflächen, der Markennamen, der Popmusik, der Partygespräche, des Konsums“.[133] Das Dargestellte wirke laut Dirk Frank zwar „auf den ersten Blick [...] vertraut“, sei aber dennoch nichts anderes als die Repräsentation von „medial gebrochene[n] Wirklichkeitsmomente[n]“. Die Autoren strebten keinesfalls „nach einer Authentizität, die man durch völligen Verzicht auf vorgefertigte Bilder und Vertextungsverfahren erzielt“.[134]

Ironie ist in der Popliteratur generell „als ein Kommunikationsakt der selbstbezüglichen Paradoxie zu verstehen, der die Literatur von der Schwere der Realität entlastet und ihr einen spielerischen Umgang mit Zeichen, Sprache und kulturellen Codes ermöglicht“.[135]

---

132 Degler & Paulokat (2008): S. 112.

133 Ebd.

134 Frank (2003): S. 7.

135 Ebd.: S. 106.

2.2.2 Postmoderne Pop-Identität

Es gilt nun, verbindende Elemente zwischen dem erarbeitenden Verständnis von krisenhafter, postmoderner Identität und derjenigen zu finden, die durch den Blick auf die (oder zumindest einige der) betrachteten Merkmale von Popliteratur als typisch für darin vorkommende Figuren gewertet werden kann. Wichtig ist hierbei, letztere natürlich als fiktive, kreierte Identitäten aufzufassen, die aber bis zu einem gewissen Grad einem wirklichen, meiner These nach *postmodernem* Identitätstypus nachempfunden sind. Man kann also von einer speziellen Art von Figur(en) sprechen, die vorwiegend in Pop-Romanen vorkommt und anhand derer postmoderne Identität thematisiert und stilisiert wird – die in diesem Sinne also eine *postmoderne Pop-Identität* aufweist.

Nicht zuletzt soll diese Betrachtungsweise es ermöglichen, brauchbare Kriterien für die Analyse des Erstlingswerks von Christian Kracht, dem Popautor par excellence (wenn auch zu klären sein wird, ob er diesem Titel mit seinen folgenden Texten noch gerecht wird), zu schaffen.

Folgende gemeinsame Nenner und damit ‚Charakteristika' für *postmoderne Pop-Identitäten* lassen sich ausmachen:

- Marken und Medienelemente wirken als Ready Mades für die Identitätsarbeit der Figuren und bilden Bausteine des Patchwork-Ergebnisses.

- Die Abgrenzung von der Vorgängergeneration (die zwar fiktiv ist, aber die real existierende stilisiert abbildet) spielt beim Identitätsbildungsprozess der jugendlichen oder zumindest jung gebliebenen Figuren eine entscheidende Rolle.

- Objekte der Massenkultur wirken identitätsstiftend für das Kollektiv einer Generation, was den Einzelnen die Möglichkeit gibt, sich zu positionieren.

- Liebesbeziehungen als kollektive Lebensmuster sind für den/die Einzelne/n nur eine Option von vielen. Liebe, Partnerschaft, Sexualität und auch freundschaftliche Beziehungen wirken auf Pop-Figuren kaum je sinnstiftend und erfüllend – im Gegenteil üben sie eine selbstzerstörerische Kraft aus.

- Auch durch den Beruf werden keine verlässliche ‚Einbettung', individuelle Sinnstiftung und damit Basis von Identität gewährleistet.

- Angesichts der Unmöglichkeit zur echten Individualität in einer Gesellschaft, in der alle Stile und Zeichen schon bis zum Überdruss kombiniert wurden, wird die Ausbildung der eigenen Identität mit dem Anspruch, nicht nur eine Kopie von bereits bestehenden zu sein, zur beinah unbewältigbaren Aufgabe.

- Absolute Sicherheit der bürgerlichen Existenz, die keinerlei Kampf, Anstrengung oder Fleiß erfordert, führt bei den Figuren zu einem Gefühl des Realitätsverlustes. Um sich zu ‚spüren', also seine eigene Identität wahrzunehmen, sind extreme Einbrüche und Grenzerfahrungen notwendig, nach denen die Mehrheit der Figuren geradezu süchtig ist.

- Das subjektive ‚Innen' und gesellschaftliche ‚Außen' scheinen weiter auseinandergedriftet zu sein denn je. Eine Passung vorzunehmen ist nicht nur schwierig, sondern erscheint auch nicht sonderlich relevant für das einzelne Subjekt in der ‚Ego-Gesellschaft'.

- Wie von einem inneren Drang getrieben, wechseln die dargestellten Figuren von Identifikation zu Identifikation, ohne damit ein befriedigendes ‚Identitätsergebnis' zu erhalten. Resultat ist vielmehr ein unvollkommenes, vielgestaltiges, meist in sich widersprüchliches ‚Identitätenpatchwork'.

Anzufügen ist außerdem die Parallele zwischen dem Konzept der narrativen Identität und der Kreation der Identität von Pop-Figuren, die auf den ersten Blick – dadurch, dass es sich bei ersterem um einen psychologischen Ansatz und letzterem um eine künstlerische Konstruktion handelt – kaum vereinbar wirken. Betrachtet man sie jedoch genauer und setzt sie in Beziehung zur Zielsetzung dieser Arbeit, erscheint die Verbindung überraschend simpel: Wenn davon ausgegangen wird, dass sich das Subjekt, so seinen Erfahrungsstrom abhandelnd beziehungsweise seine Identität(en) bildend, in Geschichten organisiert und überhaupt sein ganzes Leben als solche wahrnimmt und versteht, ist es nur naheliegend, dass eine Figur, also in gewissem Sinne die Abbildung eines realen Subjekts, in einem reflexiven Medium wie Literatur als ebenso sich begreifend dargestellt wird.

Bindeglied ist also die *Sprache*, die natürlich Grundlage überhaupt für Literatur ist, sozusagen den Stoff bildet, aus dem sie besteht, und gleichzeitig das Werkzeug des Menschen ist, überhaupt zu denken oder sich selbst eben bewusst zu sein, sich als jemanden zu begreifen, Identität(en) für sich zu konstruieren. Diese narrative Selbstwahrnehmung kann also schon allein durch die *sprachliche* Gestalt eines literarischen Werks dargestellt werden: Eine erzählende Figur, im besten Fall ein/e personale/r Ich-Erzähler/in, konstruiert ihre (fiktiven) Identitäten durch das Erzählen ihrer persönlichen Geschichte(n). Diese sind in diesem Fall (anders als bei realen Subjekten) ganz eindeutig für ein Gegenüber – die Leser und Leserinnen – bestimmt.

Fabian Lettow geht so weit, besagte postmoderne Identitätsbildung in *Faserland,* dem Roman, der im anschließenden Teil im Zentrum der Analyse stehen wird, nicht als „inhaltliche[s] Moment“ im Vordergrund zu sehen, sondern vielmehr die erwähnte sprachliche Darstellung davon:

> „Nicht das im Kontext der Postmoderne kaum zu verwundernde Scheitern eines modernen Identitätsversuchs selbst ist primär von Bedeutung, sondern vielmehr seine Darstellung, d.h. das Sprechen darüber“.[136]

Die Ich-Erzählung in *Faserland* werde damit, wenn auch ästhetisch überformt, „zum Ausdruck der von Jürgen Straub getroffenen Feststellung: ‚Identität ist ein kommunikatives Konstrukt‘“.[137]

Generell eignen sich Christian Krachts Romane, in denen durchwegs Subjekte im Kampf mit und auf der Suche nach ihrer Identität im Mittelpunkt stehen, hervorragend für diese spezielle, bewusst verschiedene Ebenen vermischende Lesart, was im Folgenden gezeigt werden soll.

---

136 Lettow (2001): S. 293.

137 Ebd.

3 Postmoderne Pop-Identitäten in Christian Krachts Roman *Faserland*

3.1 *Faserland*

3.1.1 Kurzpräsentation

„Christian Krachts Deutschlanddurchquerung *Faserland* ist das am meisten mißverstandene Buch der neunziger Jahre“[138] – so Georg Diez 2002 in der FAZ. In seiner rückblickenden Rezension des immerhin sieben Jahre zuvor erschienenen Debüts von Kracht nimmt er gleich zu Beginn die Rezeption im Literaturbetrieb in die Mangel und spricht damit ein Thema an, das die Wirkung und auch den Erfolg des Werks nicht unmaßgeblich prägte. *Faserland* wurde etwa als „‚Zeitgeist'-Dandytum“ eines „widerlich arrogante[n] Schnösel[s]“ beschrieben, der „seine banalen Reisenotizen für erbarmungslos scharfe Beobachtungen [hält]“,[139] und übte dadurch nicht weniger Reiz auf ein größtenteils sehr junges Publikum aus, das in der scheinbar so auf Äußerlichkeiten und Marken fixierten Erzählerfigur Identifikationspotential fand und zweifelsohne fasziniert war von dieser neuen, so kühl anmutenden Weltsicht.

„Kaum etwas Wahres“ steckte allerdings laut Diez in der breiten Kritik, die vor allem darin bestand, „in der gewissen Zärtlichkeit, mit der Kracht die Oberfläche der Dinge streichelte, nur die Affirmation heraus[zulesen]“. Wie der Popliteratur-Welle der 90er generell vorgeworfen, sah man vielfach auch in *Faserland* zunächst nur das Propagieren einer konsumorientierten, arroganten, apolitischen Haltung ohne jeglichen inhaltlichen Tiefgang. Diez hält 2002 dagegen, dass vielmehr „das Leiden an der Welt

[138] Vgl. Diez (17.03.2002).

[139] Vgl. Halter (29.04.1995).

heute" zentrales Motiv des Romans sei, er insgesamt als „eine Topographie des Hedonismus im Verfallsstadium" zu verstehen sei, die mit einer „dunkle[n] Dynamik, die die Erzählung vorantreibt" arbeite, ja sich mit einer Drehbewegung immer weiter „in den Strudel der Angst hinein" bewege.[140]

In der Tat steht im Zentrum des Romans eine Figur, die ständig auf der Flucht ist, nirgends findet, was sie sucht, ohne sich im Klaren darüber zu sein, was genau das ist. Sie wirkt wie von einer inneren Notwendigkeit getrieben, kann diese aber weder für sich selbst reflektieren noch nach außen hin ausdrücken.

Erzählt wird die Geschichte eines jungen, gut situierten Mannes zwischen 20 und 30, der vom äußersten Norden Deutschlands (Sylt) quer durch das Land bis in die Schweiz reist, dabei mehr oder weniger zufällig in verschiedenen Städten und Orten landet, wo er alte Bekannte und, wenn man so will, ‚Freunde' trifft, mit denen er sich seine Zeit hauptsächlich auf Partys unter Einfluss von Alkohol und anderen Drogen vertreibt. Der (für Kracht typische) namenlose Ich-Erzähler gelangt dabei in mehrere für ihn sehr unangenehme Situationen, aus denen er flieht, um seine Reise per Auto, Flugzeug oder Zug fortzusetzen. Er begegnet außerdem typenhaften Figuren wie „eitlen Trendforschern, reaktionären Taxifahrern und besserwisserischen Funktionären", wobei seine detaillierten Beobachtungen hierzu „auf der Einschätzung [fußen], dass die Menschen wie Marionetten ihres pseudo-individuellen Designs agieren",[141] so Dirk Frank. Das letzte Kapitel führt den Protagonisten nach Aufenthalten in Hamburg, Frankfurt, Heidelberg, München und Meersburg schließlich an den Schweizer Zürichsee, wo seine Reise nach einem Friedhofsbesuch auf einem Boot in der Mitte des Sees endet.

Hagelte es kurz nach dem Erscheinen des Romans noch Verrisse, die sowohl auf Inhalt als auch Stil abzielten, erlangte *Faserland* nach wenigen Jahren den Status eines Kultbuchs. Rückblickend kann man mit Stefan Beuse sagen, dass es

---

140 Vgl. Diez (17.03.2002).

141 Frank (2003): S. 21.

> „Pate für die Entwicklung einer neuen literarischen Richtung [stand], in der es nicht mehr um gesellschaftliche und politische Probleme ging, nicht mehr um die große Weltschau, sondern meist um die Verortung eines Erzähler-Ichs in der Konsumgesellschaft, um eine Selbst-Definition, die keine Biographie mehr nötig hatte, sondern fast ausschließlich über Stilfragen, über Affirmation und die Codes der postmodernen Warenwelt stattfand".[142]

Anders ausgedrückt stand also ab diesem Startpunkt eines neuen Erzählens das Thema ‚personale Identität in der postmodernen Gesellschaft' im Zentrum, die sich nicht mehr über die individuelle Biographie, Vergangenheit oder auch festgesetzte Rolle definiert, sondern tagtäglich erarbeitet werden muss, auf verschiedensten Ebenen. Dabei fungieren Markennamen in der aktuellen Welt des Massenkonsums als Identitätsträger, als Ready Mades von Angeboten, auf die zurückgegriffen wird, um sich selbst einordnen zu können.

Versteht man Identität in diesem Sinne als den stetigen Prozess einer Passung zwischen innerer und äußerer Welt, nimmt letztere einen ungleichmäßig höheren Stellenwert ein. Die äußere, das Subjekt umgebende Welt mit ihren Oberflächen wird zur primären sinnstiftenden Kraft der Identitätsbildung. Überspitzt könnte man sagen, das Individuum stückle sich aus sich ihm anbietenden äußeren Elementen seine Identität zusammen. Ein Ergebnis könnte etwa „so einer sein",[143] der Barbourjacken, *Lewis*-Jeans, *Berluti*-Schuhe und einen ausrasierten Nacken trägt, *Marlboro* raucht, einen maulbeerfarbenen Porsche fährt und *Pulp* hört.

Um das Thema literarisch zu verhandeln, wird es von Kracht – auch wenn er selbst dementiert, dieses „Stilmittel" zu verwenden[144] – mit einer Art

142 Beuse (2001): S. 151.

143 Vgl. FL 18. Beschrieben beziehungsweise vom Erzähler in sein Weltbild eingeordnet wird eine Figur mithilfe einer ganz ähnlichen Formulierung:

"Sergio, das ist *so einer*, der immer rosa Ralph-Lauren-Hemden tragen muß und dazu eine alte Rolex, und wenn er nicht barfuß wäre, mit hochgekrempelten Hosenbeinen, dann würde er Slipper tragen von Alden, das sehe ich sofort."

144 Vgl. Kracht in einem Interview mit der *Berliner Zeitung* vom 19.07.1995:

„Der Roman ist nicht ironisch geschrieben. Ich mag keine Ironie und schreibe auch nicht mit diesem Stilmittel."

universalen Ironie, vor allem in seinem ersten Roman, auf eine ähnliche Spitze getrieben.

Auch Anke Biendarra spricht *Faserland* in ihrem viel beachteten Aufsatz von 2002 Initialwirkung in mehrerlei Hinsicht zu, die es etwa ermöglichte, dass seit 1995 ein „bestimmter Detailrealismus und die Abbildung der bundesrepublikanischen Realität einer wahlweise X, Y, @ oder Golf genannten Generation prominenten Einlass in die Literatur gefunden“[145] hat. Es war neu im deutschsprachigen Literaturbetrieb, dass die Gegenwart auf eine so eigentümlich oberflächliche, aber kunstfertig detaillierte Weise beschrieben wurde, dass die Sprache so salopp (aber vor allem für das jugendliche Lesepublikum wohlvertraut) war und dass plötzlich die bis dahin auf diesem Feld verborgene Sicht einer neuen Generation beleuchtet wurde. „Nicht von ungefähr“ kommt deshalb für Ute Paulokat auch der Vergleich mit Jerome D. Salingers *The Catcher in the Rye* (1951).[146]

---

145 Biendarra (2002): S. 164.

146 Vgl. Paulokat (2012): S. 5.

3.1.2 Romanstruktur

- **Kapitelgliederung**

Rein formal ist *Faserland* in acht Kapitel unterteilt, wobei die Zahlen gleichzeitig als Titel des jeweiligen Abschnitts fungieren. In jedem Kapitel wird eine Etappe der Reise des Ich-Erzählers beschrieben. Dabei kommt es an keiner Stelle explizit zu einem Höhe- oder Wendepunkt – vielmehr setzt sich der Roman aus mehreren, schematisch sehr ähnlich ablaufenden Episoden zusammen.

Mit jedem Abschnitt tritt ein/e (selten auch mehrere) neue/r alte/r Bekannte/r oder Freund/in des Protagonisten auf, außer bei seinem letzten Halt, in Zürich. Der Roman setzt also auf Sylt ein, wo der Erzähler seine Zeit zunächst allein mit Karin, später dann außerdem mit Anne und Sergio verbringt, und nimmt seinen Lauf in Hamburg, wo Nigel auftritt und Anne noch einmal auf einer Party gesichtet wird. Das dritte Kapitel umfasst neben der Flucht aus Nigels Wohnung den Flug von Hamburg nach Frankfurt, auf dem der Erzähler ausnahmsweise weder eine/n Bekannte/n trifft noch auch nur ein bekanntes Gesicht sieht. Im vierten Abschnitt werden ein Hotel-Aufenthalt sowie ein Bar-Besuch in Frankfurt geschildert, wobei hier der Erzähler (mehr oder weniger) überraschend auf seinen alten Freund Alexander trifft, diesen aber nicht anspricht, sondern nur in einem ungeachteten Moment dessen Jacke stiehlt. In Kapitel 5 landet er, eigentlich mit der Bahn auf dem Weg nach Karlsruhe, in Heidelberg, nachdem er vor dem Trendforscher Matthias Horx aus dem Speisewagen geflohen ist, und lernt dort den Verbindungsstudenten Eugen sowie ein Mädchen namens Nadja kennen. Kapitel 6 verschlägt ihn auf ein Techno-Event in München, wo ihm erst nach einer Weile dämmert, dass er durch seinen alten Freund Rollo, der ihn ohnmächtig auf der Party in Heidelberg auflas, dorthin gekommen ist. Er begleitet Rollo in dessen Elternhaus nach Meersburg am Bodensee, wo dieser seinen Geburtstag feiern will. Kapitel 7 umfasst ebendiese Feier, wo wiederum Karin und Sergio noch einmal auftreten, und auf der sich Rollo das Leben nimmt, indem er sich in den hauseigenen See stürzt. Der Ich-Erzähler flieht aufs Neue, diesmal mit dem Porsche seines Freundes, und landet schließlich, im letzten Abschnitt, in Zürich, wo er sich nach der vergeblichen Suche nach dem Grab von Thomas Mann mit einem Boot in die Mitte des Sees rudern lässt.[147]

- **Offenes Ende**

Die Geschichte bricht an dieser Stelle abrupt ab und lässt dadurch natürlich eine Reihe unterschiedlichster Interpretationen zu, was das ‚Schicksal' des Protagonisten nach diesem Ende angeht. Nach Paulokat handle es sich „sachlich betrachtet" zwar um einen offenen Schluss ohne explizite Nennung von weiteren möglichen Geschehnissen, trotzdem liege aber eine „weitverbreitete Interpretation aufgrund zahlreicher symbolischer Vorausdeutungen und der leitmotivischen Bedeutung des Todes im gesamten Roman nahe":[148] nämlich der anschließende Selbstmord des Ich-Erzählers in eben diesem See in Zürich. Paulokat argumentiert wie viele vor ihr mit einer Kindheitserinnerung des Protagonisten an die Stadt Rungholt, „die während einer Sturmflut von der Nordsee verschlungen wird, wobei all ihre Einwohner ertrinken",[149] (vgl. FL 19) mit seiner Geschichte einer Brücke, „von der sich mit Vorliebe Selbstmörder in den Tod stürzen",[150] (vgl. FL 28) der Beschreibung von Stelzenmännern auf dem Techno-Event in München, von denen einer „ganz in Schwarz, mit einer schwarzen Kapuze" gekleidet ist und „ein bißchen so aus[sieht]", als ob er „der Tod wäre", (FL 111) und mit dem Vergleich eben dieses Events mit einem Teil des berühmten Triptychons *Der Garten der Lüste* von Hieronymus Bosch, der die Hölle abbildet. (vgl. FL 111f) Besonders deutlich werde die leitmotivische Rolle des Todes durch den Selbstmord seines Freundes Rollos, der sich ebenso durch Vorausdeutungen angekündigt habe. Schuldgefühle des Protagonisten, der zwar „genau wüsste, wie er sich richtig zu verhalten hätte", (vgl. FL 138f) aber Rollo „in vollem Bewusstsein seines Verrats im Stich [lässt] und [...] unter einem Vorwand weg[geht]",[151] könnten laut Paulokat sogar als *Motiv* für einen möglichen Selbstmord gewertet werden.

---

147 Vgl. die ausführliche Strukturanalyse von Paulokat (2012): S. 41ff.

148 Paulokat (2012): S. 103.

149 Ebd.

150 Ebd.

151 Ebd.: S. 104.

Sehr weit geht die Interpretation, ein „Problem der nicht eingestandenen Homosexualität […] als Anlass für Schuldgefühle und den Wunsch nach Selbstauslöschung“[152] – scheinbar angedeutet durch die Suche nach der letzten Ruhestätte Thomas Manns, Autor der Erzählung *Der Tod in Venedig* – herauszulesen. Vielmehr stimme ich mit Paulokat überein, wenn sie ebenso die Möglichkeit in Betracht zieht, vom „hochgradig unzuverlässigen, gerne ironischen Erzähler“[153] in *Faserland* in die Irre geführt zu werden: „Vielleicht dient auch der Romanschluss nur dem Zweck, den Leser zu melodramatischen Schlussfolgerungen zu provozieren“.[154]

Gestützt wird diese Annahme einerseits durch ein von Kracht selbst (zusammen mit Eckhard Nickel) geschriebenes Drehbuch zum Roman, veröffentlicht 2006 in der Textsammlung *New Wave*, das allerdings unvollendet blieb. Darin wird der Reise-Plot von Norden nach Süden zwar aufrecht erhalten, die restliche Handlung aber zu einer „skurrile[n] Zukunftsvision“.[155] Der Protagonist wird zu einem jungen Mann ohne Gedächtnis, der sich in einem radioaktiv verseuchten, ‚re-christianisierten‘ Westdeutschland auf die Suche nach einer jungen Frau macht, die aus der ostdeutschen Sperrzone befreit werden muss. Dabei trifft er auf Nigel im ‚neo-evangelischen‘ Hamburg sowie auf Eugen in Heidelberg und wird verfolgt von einem Arzt und der schönen, jungen „Rolla, die sich als Transvestit entpuppt“.[156] Diese scheinen hinter einem kleinen Stahlkästchen des Protagonisten her zu sein, „das den Unfall […] auslöste und scheinbar auch mit der Reaktorkatastrophe in Zusammenhang steht“[157] und das von seinem Besitzer nach dem rettenden Übergang in die Schweiz lächelnd in einem Banksafe verschlossen wird. Dabei betrachtet dieser „lachende und winkende, glückliche hasidische Familien“, die „auf dem Zürichsee mit zehn roten Elektrobooten“ ein „friedliches, synchrones, fast ballettartiges Wettrennen“ (NW 262) veranstalten.

---

[152] Paulokat (2012): S. 105.

[153] Ebd.: S. 106.

[154] Ebd.

[155] Ebd.: S. 120.

[156] Ebd.

[157] Ebd.: S. 120f.

Dieses kitschig anmutende Ende der Verfilmungsidee von *Faserland* kann natürlich wiederum als Finte des – in diesem Fall – Autors interpretiert werden. Das Ende des Romans soll wohl so stehen bleiben ‚dürfen', wie es ist: irgendwo zwischen verzweifeltem Untergang und triumphierendem Sieg des Protagonisten mit Seeidylle im Hintergrund; und seien beide Möglichkeiten als hochgradig ironisch, also im gegenteiligen Sinn, zu verstehen.

Andererseits weist auch das wichtigste Charakteristikum der Erzählerfigur darauf hin, dass das Romanende eben nicht so zu verstehen ist, wie vermeintlich impliziert wird. Im Gegensatz zu einem *zuverlässigen* Erzähler, der nach Paulokat „in Übereinstimmung mit den Normen seines Werks spricht und handelt", hat man es in Faserland mit einem in höchstem Maße *unzuverlässigen* Erzähler zu tun, der sich dadurch auszeichnet, „die Wahrheit und Angemessenheit der Erzähleraussagen durch den Rezipienten immer wieder in Frage [zu stellen]".[158] Die Verwendung dieses rhetorischen Stilmittels macht es dem Autor möglich, eine Botschaft zu vermitteln, die der vom unzuverlässigen Erzähler kommunizierten Aussage völlig widerspricht. Das bedeutet im Fall von *Faserland*, dass zwar zahlreiche Vorausdeutungen, vor allem in Form von Eindrücken des Ich-Erzählers, auf seinen Tod am Ende hinweisen, seine Unzuverlässigkeit diese Implikationen aber völlig in Frage stellen muss.

- **Unzuverlässiger Erzähler**

Christoph Rauen erkennt noch an einer anderen Stelle des Romans den deutlichen Hinweis für den/die Leser/in, die Glaubwürdigkeit des Erzählers in Zweifel zu ziehen, mit einer Anspielung auf genau diesen erzähltechnischen Kniff: nämlich in der Beschreibung der „Nahweltidylle reibungsloser innerfamiliärer Kommunikation",[159] zusammen mit der imaginierten Ehefrau Isabella Rosselini:

> „Jetzt, wenn der Sommer kommt, würden die Bienen summen, und dann würde ich mit den Kindern Ausflüge machen bis an die Baumgrenze, […] und wir würden uns Ameisenhaufen ansehen, und ich könnte so tun, als würde ich alles wissen. Ich könnte ihnen alles erklären, und die Kinder könnten niemanden

---

158 Paulokat (2012): S. 51.

159 Rauen in Birgfeld & Conter (2009): S. 122.

fragen, ob es denn wirklich so sei, weil sonst niemand da oben wäre. Ich hätte immer Recht. Alles, was ich erzählen würde, wäre wahr". (FL 152)

Als Leser/in von Faserland, der/die der Erzählung des Protagonisten folgt, nimmt man im Grunde genau die Rolle der beschriebenen Kinder ein: Eine andere Version als die des Erzählers hat man in den meisten Fällen nicht zur Verfügung und kann man deshalb schwer auf ihren Wahrheitsgehalt prüfen, es sei denn es handelt sich, wie Rauen bemerkt, um „jene Aussagen des Erzählers, die mit Weltwissen operieren".[160] Walther von der Vogelweide war beispielsweise, anders als vom Protagonisten behauptet, kein mittelalterlicher Maler, (FL 67) auch wenn (oder gerade weil) das mit einem „das weiß ich" noch beteuert wird.

Insgesamt erfüllt der Einsatz eines derart unzuverlässigen Erzählers in *Faserland* den Zweck, wie Rauen konstatiert, „die tragische Grundstruktur der Erzählung und damit auch den Problembefund, den sie der Wirklichkeit ausstellt, [zu relativieren]". Dabei liege die Hauptfunktion dieses Mittels nicht darin, „den Erzähler zu denunzieren, sondern einen ambivalenten, jenseits von Bejahung und Ablehnung angesiedelten Standpunkt anzubieten". Diese „Ambivalenz" sei es schließlich, „die an der Erzählerkonstruktion in *Faserland* so sehr zu reizen vermag".[161]

- **Zeitliche Dimension**

Alles, was der Protagonist auf seiner Reise erlebt, wird in strikt chronologischer Reihenfolge erzählt. Dabei wird, außer in den zwei erwähnten Ausnahme-Kapiteln (3 und 4), nicht nur pro Abschnitt genau eine Station beschrieben, sondern auch jeweils ein Tag abgehandelt. Diese Tage folgen in der Erzählung zeitlich direkt aufeinander und werden alle mit Erlebnissen ausgefüllt – bis zum letzten Kapitel. Dieses beginnt mit den Worten:

> „Seit zwei Tagen wohne ich im Hotel Baur au Lac in Zürich. Morgens esse ich ein paar Spiegeleier mit Toast. Dazu trinke ich

160 Rauen in Birgfeld & Conter (2009): S. 123.

161 Ebd.

> einen ausgepreßten Grapefruitsaft und zum ersten Mal in meinem Leben Kaffee". (FL 147)

Zum ersten Mal im Roman setzt die Erzählung an einem Zeitpunkt ein, wo der Protagonist sich schon länger in der Stadt befindet, man über diese gerade vergangene Zeit aber nichts außer den neuen Frühstücksgewohnheiten, die offensichtlich beruhigende Regelmäßigkeit in den Tagesablauf des Ich-Erzählers bringen, erfährt. Anders als nach dem Auslassen der Etappe von Heidelberg nach München, für die der Erzähler mehrere Möglichkeiten durchdenkt, sich ein durch Alkohol und Drogen bedingtes Blackout aber im Grunde eingestehen muss, wird für den vorliegenden Zeitsprung kein expliziter Grund angegeben. Für Paulokat wird dadurch

> „[u]mso mehr [...] die Zäsur [betont], die mit dem Grenzübertritt [*in die Schweiz*][162] verbunden ist, und mit ihr de[r] also auch auf der Ebene der Zeitstruktur markiert[e] Kontrast zwischen dem ‚deutschen' Teil der Reise und dem schweizerischen Gegenmodell, wie es im letzten Kapitel entworfen ist".[163]

Die ansonsten insgesamt sehr geradlinige und chronologische Ordnung des Romans wird außerdem durchbrochen von einigen wenigen Vorausdeutungen, zahlreichen Erinnerungen sowie vor allem assoziativen Gedankengängen und Fantasien des Erzählers, die natürlich eine zeitdehnende Wirkung haben. Paulokat schließt aus der unregelmäßigen Dominanz der erinnernden Rückblenden an Erlebnisse der Kindheit und Jugend der Hauptfigur gegenüber der geringen Anzahl von Vorausdeutungen, „dass die Vergangenheit für den Ich-Erzähler schwerer wiegt als die Zukunft".[164]

Ein Kennzeichen postmoderner erzählender Identitätsbildung lässt sich hier bereits herauslesen: An eine Planbarkeit des eigenen Lebensentwurfs in der Zukunft wird nicht mehr geglaubt, weshalb – in diesem Fall – auf die Vergangenheit zurückgegriffen wird. Sich an sich selbst im Früher zu erinnern, ist Teil der Arbeit an einer Einigkeit mit sich selbst. Dass diese bei den meisten Figuren im Werk von Kracht ergebnislos endet, zeigen

---

162 Anmerkung von mir.

163 Paulokat (2012): S. 43.

164 Ebd.: S. 46.

einige Stellen des Romans, wo sich der Erzähler plötzlich nicht mehr sicher ist, sich richtig zu erinnern:

> „Da vorne, am Strand, in einem blau-weiß gestreiften Strandkorb, sitzen Sergio und Anne. Ich sehe die beiden sofort, weil ich Anne erkenne. Ich hab einmal im PI versucht, sie aufzureißen, und das ist damals ziemlich in die Hose gegangen, da ich betrunken war und kotzen mußte, und als ich vom Klo zurückkam, war sie verschwunden. Jedenfalls glaube ich, dass es so war". (FL 18)
>
> „Ich hab damals gesagt, nein, man müsse die [*Typen wie Wim Wenders*][165] doch was fragen dürfen, besonders weil die ja die Möglichkeit hätten, viele Menschen mit ihren Filmen zu erreichen. Da hat Alexander gesagt, ich wäre ein blöder Hippie, der glaubt, er könne Sachen ändern durch Diskussionen. Da hab ich gesagt, er solle das Maul halten, und dann haben wir uns gestritten, und dann sind wir zum Bahnhof Zoo gegangen, Junkies gucken, aber es war irgendwie nicht mehr so wie früher. Irgendwas war kaputtgegangen durch diesen Streit. Vielleicht war es gar nicht das genau, aber ich kann mich nicht mehr erinnern, warum wir uns dann nicht mehr gesehen haben". (FL 62)

Erzähltechnisch haben die vielen Rückblenden die Funktion, den Ich-Erzähler zu charakterisieren. Sie geben Aufschluss über seinen sozialen Hintergrund und auch seine Einstellungen und Gefühle, wobei die Vergangenheit von ihm häufig im Kontrast zur Gegenwart gesehen wird. Die erwähnten assoziativen Gedankengänge des Erzählers, ausgelöst durch sämtliche Sinneswahrnehmungen (häufig auch Gerüche), dienen vor allem dazu, sein Menschen- und generell Weltbild zu verdeutlichen.

165 Anmerkung von mir.

3.1.3 Postmoderne Pop-Identitäten in *Faserland*

Da es sich beim personalen Ich-Erzähler in *Faserland*, wie bereits durch die Beschreibung der Roman- und Erzählerstruktur deutlich geworden sein dürfte, um eine sehr subjektive Erzählinstanz handelt und damit alles, was man als Leser/in erfährt, komplett von dessen Wahrnehmung abhängt, wird im Folgenden der Fokus auf diese Figur und die mit ihr thematisierte postmoderne Pop-Identität gelegt. Das heißt nicht, dass das restliche Personal des Romans komplett außen vor gelassen werden kann, da die (en masse auftretenden) Gedanken, die sich der Protagonist über die Menschen, die ihm auf seiner Reise begegnen, macht, auch so einiges über ihn selbst aussagen.

3.1.3.1 Marken und Medienelemente als Ready Mades für die auszubildende Identität

Bereits auf der ersten Seite von *Faserland* wird man als Leser/in förmlich erschlagen von Namen bestimmter Kleidungs- und Getränkemarken, Clubs, eines bekannten Fischrestaurants sowie einer Internatsschule:

> „Also, ich stehe da bei **Gosch** und trinke ein **Jever.** Weil es ein bißchen kalt ist und Westwind weht, trage ich eine **Barbour**-jacke mit Innenfutter. [...] Vorhin hab ich Karin wiedergetroffen. Wir kennen uns noch aus **Salem**, obwohl wir damals nicht miteinander geredet haben, und ich hab sie ein paar mal im **Traxx** in Hamburg gesehen und im **PI** in München. Karin sieht eigentlich ganz gut aus, mit ihrem blonden Pagenkopf. Bißchen zuviel Gold an den Fingern für meinen Geschmack. Obwohl, so wie sie lacht, [...] ist sie sicher gut im Bett. Außerdem hat sie mindestens schon zwei Gläser **Chablis** getrunken“.[166] (FL 13)

In diesem kurzen Abschnitt finden sich bereits sieben Markenbezeichnungen, eingeschlossen Namen, die im weiteren Sinne als solche verstanden werden können, wie die der zwei Nobel-Diskotheken und der renommierten Schule, die auch der Autor Kracht selbst besuchte. In seiner Arbeit über den Roman und seine Rezeption wurden von Olaf Grabienski 2001 insgesamt 70 Marken- und Produktnamen gezählt, vorwiegend aus

[166] Hervorhebungen von mir.

den Bereichen Verkehrs-, Nahrungs- und Genussmittel sowie Medien, Mode und Bekleidung.[167] Nach Paulokat wird diese Zahl noch größer, wenn, wie auch im erwähnten Beispiel, eine weite Definition von ‚Marke' angewandt wird und sämtliche Einrichtungen und Namen von Personen, die für ‚Produkte' stehen (wie *Jil Sander*), dazugerechnet werden.[168]

Nun hat dieses, von bösen Kritikerzungen so genannte ‚Labelcrashing' aber nicht nur den Sinn, Gegenwart so authentisch wie möglich abzubilden und damit bis zu einem gewissen Grad zu ‚archivieren', was bereits als ein wesentliches Merkmal von Popliteratur festgehalten wurde, sondern stellt eben auch Identifikationsangebote für die vorkommenden Figuren dar. Marken fungieren in der Kultursemiotik „als öffentliche, konventionelle Symbole, die auf eine Erzählung verweisen, die mit der jeweiligen Marke nicht notwendig final oder kausal verbunden ist".[169] Mit bestimmten Marken werden bestimmte Assoziationen verbunden, Geschichten evoziert, ‚Images' verknüpft, die nicht zwangsläufig mit ihren Eigenschaften zusammenhängen, sondern häufig vom Hersteller beziehungsweise den Vermarktungsinstanzen als eine Art ‚Aura', die das Produkt umgeben soll, bewusst kreiert wurde. Sobald das Produkt dann konsumiert wird, wird die Bedeutung seiner Marke nicht mehr nur durch seinen ‚Besitzer' gesteuert, sondern von allen an der Interaktion Beteiligten – also auch von seinem/seiner Käufer/in beziehungsweise dem Käufer/innen-Kollektiv und den Das-Produkt-als-Marke-Wahrnehmenden. Diese Wahrnehmung wird natürlich vor allem durch die Präsentation der Marke in den Medien aktiviert und beeinflusst.[170]

Ein entscheidendes Motiv für das distinguierende Markenbewusstsein des Ich-Erzählers in *Faserland* ist außerdem die soziale Funktion von Markennamen: Aus marktsoziologischer Sicht übernehmen diese nämlich eine Art Komplexitätsreduktion. Auf der Subjektebene bedeutet dies, dass sie einem Orientierung bieten, ja eine Art Hilfestellung, um sich in der Gesellschaft zurechtzufinden. Die meisten Menschen, denen man täglich begegnet, kennt man nicht persönlich, versucht man aber trotzdem, ob

---

167 Vgl. Grabienski (2001): S. 7.

168 Vgl. Paulokat (2012): S. 60f.

169 Stephan (2010): S. 7.

170 Vgl. Wertz (2005).

bewusst oder unbewusst, einzuschätzen – oder anders ausgedrückt: zu positionieren. Marken, die von diesen Menschen getragen oder genutzt werden, verringern dabei den Interpretationsspielraum. Durch sie wird „die Chance wechselseitiger Erkennbarkeit“[171] erhöht, und – überspitzt formuliert – die (vermeintliche) Sicherheit vermittelt, nicht allein zu sein. Oder, wie im Fall des Ich-Erzählers in *Faserland*, klar abgrenzen zu können, wer einem ähnlich und wer der ‚Feind' ist.

Im vorliegenden Roman fungieren Markenprodukte also als „am Körper getragene“, von den Figuren benutzte oder sie umgebende „Identifikationssymbole, die die jeweilige Herkunft und Zugehörigkeit zu einem mehr oder minder geschlossenen Weltanschauungskanon kommunizieren“, nach Felix Stephan „vergleichbar mit der Kutte buddhistischer Mönche“.[172] Dabei wird dieser kommunizierte Weltanschauungskanon als Muster für die Bildung von Identität verwendet. Der (für ihn so) transportierte ‚Wert' der Marke wird vom Protagonisten als Projektionsfläche seiner Persönlichkeit genutzt – das Tragen eines Jacketts von *Davies & sons* etwa privilegiert ihn intellektuell, über den Status eines gleichaltrigen Taxifahrers hinaus, der, wenn er

> „das […] verstehen [würde] [*den Reiz einer Demonstration aufgrund ihrer gewalttätigen Atmosphäre*],[173] […] sonst ja auch ein Jackett von Davies & sons tragen würde, sich die Haare anständig schneiden und kämmen und seinen Regenbogen-Friedens-Nichtraucher-Ökologen-Sticker von seinem Armaturenbrett reißen würde“. (FL 30)

In diesem Zusammenhang fällt der Begriff Marke wieder stark auf eine seiner Grundbedeutungen, nämlich die der ‚Markierung',[174] zurück. Der Ich-Erzähler erkennt oder *glaubt* vielmehr durch die Marke, die jemand trägt, *zu erkennen*, wie hoch dessen Intellekt ist und ob dieser jemand ihm selbst ‚ebenbürtig' ist. Was jemand ist, wird durch Aussehen, Kleidung und Besitz definiert, also durch alles, was seine/ihre ‚Oberfläche' preisgibt.

171 Wertz (2005): S. 35.

172 Stephan (2010): S. 7.

173 Anmerkung von mir.

174 Vgl. Wertz (2005).

„Außen und innen“ wird also „als gleich“[175] angenommen. In seiner extremsten Ausprägung würde dies bedeuten, dass „jemand, der sich teuer kleidet oder einrichtet, […] auch ein wertvoller Mensch [sei]“.[176]

Wenngleich in *Faserland* sehr deutlich wird, dass für den Ich-Erzähler keiner der ihn umgebenden Menschen (und schon gar nicht der neuen Bekanntschaften) in diesem Sinne ‚wertvoll‘ ist, trifft die zitierte Sicht der Dinge meines Erachtens auf sein Weltbild vollkommen zu. Dies ist allerdings keinesfalls als (vom Autor so gezeichneter) negativer Charakterzug der Figur zu werten, sondern vielmehr als die einzige Möglichkeit, die ihr in dem Raum, in dem sie sich bewegt, bleibt, um sich und andere Menschen zu ‚interpretieren‘ oder mit anderen Worten: um ihre und deren *Identität* zu erkennen. Die einfache Rechnung Niermanns, die dieses Problem, bezogen auf den Umgang ‚realer‘ Menschen miteinander, veranschaulichen soll, kann hierfür als Erklärung dienen:

> „Man kann die Gedanken seiner Mitmenschen nur anhand dessen deuten, was sie sagen, was sie tragen und wie sie sich bewegen. […]
> Wir können in unserer Erscheinung gar nicht wir selbst sein, sondern spielen unausweichlich Theater“.[177]

Das heißt nichts anderes, als dass uns Menschen gar nichts anderes übrig bleibt, als uns auf dieser beschriebenen Oberfläche zu bewegen – das ‚Innen‘ ist nun mal nicht sichtbar – zumindest die (geraume) Zeit lang, bevor man sich einer anderen Person gegenüber richtig ‚öffnet‘, sie also eine Interpretation von sich selbst anstellen lässt, mit der man letzten Endes einverstanden ist. Dass dies den Figuren in Krachts Romanen niemals gelingt, sie vielmehr „so dumm dar[gestellt werden], dass sie an der Oberfläche haften bleiben beziehungsweise an ihr entlangschlittern und einfach nicht tiefer dringen“[178] stellt auch Krachts guter Freund Niermann fest. Sie halten sich an einer banalen, von Markenartikeln und Waren dominierten Wirklichkeit fest und nehmen auch sich selbst größtenteils nur noch auf dieser Oberflächen-Ebene wahr.

---

175 Vgl. Ingo Niermanns Gedanken zum Begriff ‚Oberfläche‘ in seinem gleichnamigen Essay in Grabienski, Huber & Thon (2011): S. 227–229.

176 Ebd.: S. 227.

177 Ebd.

178 Ebd.: S. 228.

Dies rührt daher, dass im „postmodernen Raum des Heute“,[179] wie er auch den Held in *Faserland* umgibt, keine (von der Gesellschaft) vorgegebenen Muster für den Aufbau einer kohärenten Identität zur Verfügung stehen. Angesichts dieser Schwierigkeit werden solche, in gewissem Sinne *Ready Mades*, die als Bausteine fungieren, auf anderen Ebenen gesucht. Benutzt oder trägt man eine Marke, ahmt man ein gegebenes Muster nach, wird, wie es Georg Simmel im Fall von Mode feststellt, „auf die Bahn [geführt], die Alle gehen“, man erhält „ein Allgemeines, das das Verhalten jedes Einzelnen zu einem bloßen Beispiel macht“.[180] Der Ich-Erzähler nimmt die Welt als Oberfläche, bestehend aus Produkten, die mit Marken versehen sind, wahr und ordnet sich selbst darin als jemanden ein, der diese oder jene davon besitzt oder benutzt. Er fügt sich damit in bestimmte Gruppen all jener ein, die genau die gleichen Marken verwenden, und schafft sich somit Zuschreibungen. Was ihn also anderen ähnlich macht, sorgt gleichzeitig auch für die Abhebung und Differenzierung von wieder anderen, die wie im obigen Textausschnitt beispielsweise kein Jackett der Marke *David & sons* tragen. Dadurch wird auch der sich durch den Roman ziehende Standesdünkel klar, da eigentlich alles, was der Ich-Erzähler an Marken erwähnt oder zumindest gutheißt, Produkte beschreibt, die vornehmlich von einer ‚höheren Schicht‘ konsumiert werden.

Ein Beispiel für diese Einordnung oder eben auch Charakterisierung fast ausschließlich durch Marken wurde schon in Kapitel 3.1.1 („Sergio, das ist so einer, der immer rosa Ralph-Lauren-Hemden tragen muss […]“ FL 18) angeführt; weitere finden sich zuhauf:

> „Am Nebentisch stehen drei Männer und reden ziemlich laut über ihren Testarossa. Sie tragen alle Cartier-Uhren, und man sieht ihnen [*aufgrund der von ihnen getragenen Marken*][181] förmlich an, daß sie Golf spielen“. (FL 21)
> „Ich sehe mir den Nigel an, und wieder mal merke ich, daß er immer ein bißchen schäbig angezogen ist, nicht so direkt schäbig, […] so indirekt und irgendwie schlampig. Seine Pullis haben Löcher, richtige Mottenlöcher sind das schon, und seine Hemden sind nie gebügelt, […] meistens trägt er irgendwelche T-Shirts, auf denen das Logo einer Firma steht, ich meine, so

179 Lettow (2001): S. 287.

180 Simmel (1995): S. 11.

181 Anmerkung von mir.

richtige Firmen wie Esso oder Ariel Ultra oder Milka. Ich weiß auch nicht, warum er das macht, er hat es mir mal erklärt, da waren wir ziemlich betrunken, [...] da hat er mir erklärt, daß das die größte Provokation sei, T-Shirts mit den Namen bekannter Firmen darauf zu tragen. Wen will er denn provozieren damit, habe ich ihn damals gefragt, und er hat gesagt: Linke, Nazis, Ökos, Intellektuelle, Busfahrer, einfach alle. Ich hab das damals nicht ganz verstanden, [...]" (FL 31)

Der Ich-Erzähler ist deutlich irritiert angesichts der Art seines Freundes, mit ‚Markenkleidung' umzugehen. Das hängt wohl auch damit zusammen, dass sie für ihn selbst so eine wichtige Projektionsfläche ist, um sich in seiner Identität zu bestätigen. Weiters interessant an dieser Passage ist der Zeitpunkt, an dem diese Aussagen über Nigel vom Erzähler getroffen werden: Kaum ist dieser in Hamburg in der Wohnung seines alten Freundes angekommen, wird die Figur auf diese Art gemustert und so dem/der Leser/in vorgestellt. Es handelt sich dabei um die erste explizite Charakterisierung von Nigel – die sich hauptsächlich daraus zusammensetzt, seinen Stil zu beschreiben, mit besonderem Fokus auf den Marken, die er trägt.

> „Dann sitzen wir im Taxi, und der Taxifahrer und Nigel und ich rauchen Zigaretten, und zwar die kratzigen Overstolz des Taxifahrers, der uns welche angeboten hat [...]. Und jetzt gibt es so eine Art Unterschichts-Verbrüderung, obwohl der Taxifahrer genau weiß, daß wir niemals im Leben Overstolz rauchen würden". (FL 37f)

Hier wird der Abgrenzungscharakter von bestimmten Marken ersichtlich. Der Ich-Erzähler kann sich nicht mit der Zigarettenmarke *Overstolz* beziehungsweise deren Konsument/innen identifizieren, lässt sich in diesem Fall nur ausnahmsweise darauf herab.

> „Ich sitze im Flugzeug, und neben mir sitzt leider nicht der Mann von vorhin, sondern eine sehr alte Frau, die einen Siegelring trägt und eine Perlenkette. [...] An ihrem schlanken Handgelenk trägt sie eine dünne, flache Cartier-Uhr, deren Armband ihr etwas zu groß ist, [...] Die Frau macht jedenfalls gerade Notizen in einen Notizblock von Tiffany aus rotem Wildleder, und ich lehne mich herüber, um zu sehen, was sie so schreibt, [...]" (FL 55, 63)

In diesem Abschnitt findet man zwar nur zwei Markenbezeichnungen, die nicht so erheblich zur Charakterisierung der behandelten Figur beitragen wie in anderen Fällen im Roman, dafür aber umso wichtiger sind, um Folgendes festzuhalten: Wie auch Stephan in seiner Arbeit über *Faserland* konstatiert, wird die „Segnung einer Markencharakterisierung" durch den Erzähler „nicht jedem zuteil".[182] Dieser zeigt deutlich eine gewisse Affinität gegenüber der alten Frau, die neben ihm im Flugzeug (von Hamburg nach Frankfurt) sitzt, beschreibt sie ausführlich und wird durch sie sogar angeregt, an Isabella Rosselini, „die schönste Frau der Welt", (FL 56) zu denken. Diese Sympathie wird ‚belohnt'. Es tut sich hier allerdings die Frage auf, ob diese eben durch die von der Frau verwendeten Markenartikel *hervorgerufen* wird (die oben erwähnte These des teuer gekleideten Menschen, der dadurch selbst wertvoller wird, würde dies stützen) oder ob umgekehrt die Frau nur durch ihre sympathische Ausstrahlung (oder mit anderen Worten: durch ihr Aussehen und ihren möglichen Geruch, „weil sie sicher nicht schlecht riecht" FL 56) eine genauere Betrachtung ‚verdient' und dadurch die Markenprodukte, die sie trägt oder verwendet, erst *bemerkt* werden.

Ohne Zweifel bleibt, dass so manch andere vorkommende Figur vom Erzähler anders abgehandelt wird:

> „Der Rentner trägt ein Cordhütchen und ein auberginefarbenes Blouson, und er schimpft wie ein Berserker hinter uns her, und ich sage zu Karin, daß das sicher ein Nazi ist, und Karin lacht". (FL 20)
>
> „Ich sehe mir den Mann an, wie er da so vor mir sitzt und die blöde bunte Speisekarte anguckt, und er hat tatsächlich so ein kleines Bärtchen, so einen Lenin-Bart, wie ihn jetzt die Leute im Mojo-Club tragen, aber er meint das gar nicht modisch, sondern völlig ernst, […] und mein Freund Nigel würde dazu sagen: Mösenbart. […] Vor mir auf dem Bahnsteig läuft der Mösenbart. Er trägt einen prunefarbenen Mantel, der im Licht merkwürdig changiert". (FL 25, 28)

Im ersten Beispiel handelt es sich um einen Rentner, der von Karins Auto aus gesehen wird, also gar nicht zwangsläufig viel genauer ausgemacht werden kann, was er denn trägt. Trotzdem wird die ablehnende Haltung

182 Stephan (2010): S. 9.

des Erzählers diesem Mann gegenüber, der wie viele andere ältere Herren im Roman sofort verdächtigt wird, ein ‚Nazi' zu sein, auch hier sehr deutlich und korrespondiert daher tadellos mit der oben beschriebenen These der ‚Segnung durch Markennennung'.

Der zweite Ausschnitt zeigt sehr schön, wie wichtig es dem Ich-Erzähler ist, dass die ‚Oberflächen', auf die er mit seinem Blick trifft, seinen Geschmack treffen. Nicht nur beim Urteilen über Personen ist die äußere Ästhetik für ihn von großer Relevanz, sondern auch bei sämtlichen Räumen, die er betritt. Die Inneneinrichtung der Bahn, mit der der Protagonist in Kapitel 2 von Sylt nach Hamburg fährt, lässt ihn geradezu erschaudern:

> „Heute kann man die Fenster natürlich nicht mehr aufmachen, da im ICE, dessen Einrichtung ganz grauenvoll ist und mich immer an irgendwelche Einkaufspassagen erinnert, gar nicht mehr schön ist und erst recht gar nicht mehr so wie früher. Heute ist alles so transparent, ich weiß nicht, ob ich mich da richtig ausdrücke, jedenfalls ist alles aus Glas und aus so durchsichtigem türkisen Plastik, und es ist irgendwie körperlich unerträglich geworden". (FL 24)

Hier wird außerdem noch einmal der schon erwähnte starke Kontrast zwischen „früher", also den Erinnerungen des Erzählers, und der Gegenwart, die er wahrnimmt, deutlich.

In Hamburg angekommen, geht das Urteilen über die Umgebung weiter:

> „Die Wohnung beeindruckt mich jedes Mal wieder, wenn ich sie sehe. Überall hängen Fotokopien an den Wänden, und alte Stiche und Landkarten. Die Wohnung ist ja eigentlich sehr fein und sicher auch teuer, andererseits sieht sie völlig heruntergekommen aus. Der Putz blättert von den gelb gestrichenen Wänden, und dann steht unter so einer Stelle, wo es wirklich ziemlich asig aussieht, ein wahnsinnig teurer Biedermeier-Sekretär, auf dem sich Papiere häufen, noch mehr Fotokopien, alte, vergilbte Fotos von wildfremden Menschen und Milliarden von Büchern". (FL 34)

Diese Beschreibung der Wohnung von Nigel trägt nicht unerheblich zu dessen Charakterisierung bei: Die Meinung des Protagonisten, die zwischen Begeisterung und Abneigung schwankt, spiegelt bis zu einem gewissen Grad das zwiespältige Verhältnis zwischen ihm und seinem alten

Freund wider und auch, wie der Erzähler Nigel einschätzt – nämlich ebenso als ambivalente Persönlichkeit.

Kurz zuvor, unmittelbar nach der Ankunft vor Nigels Haus, werden dessen Merkmale auch von außen unter die Lupe genommen:

> „Nigels Klingelschild ist aus ganz altem, ungeputztem Messing. Ich glaube, der macht das absichtlich, daß sein Klingelschild so angelaufen und ein bißchen schäbig ist. Ungefähr so wie mit den Barbourjacken". (FL 31)

An anderer Stelle im Roman, bereits in Meersburg bei Rollo und gerade über dessen Eltern sinnierend, kommt der Erzähler noch einmal auf diese Äußerungen zurück. Er gibt nun offen zu, mit der Beschreibung von Nigels Umfeld eigentlich auf dessen Charakter angespielt zu haben:

> „Rollo war am Bodensee auf der Waldorfschule. Seine Eltern sind nämlich ziemliche Hippies. Das passiert oft bei ganz reichen Leuten, daß sie so ins Hippietum abdriften. Vielleicht, weil sie alles andere schon gesehen und erlebt haben und sich alles kaufen können und dann irgendwann in sich so eine furchterregende Leere entdecken, die sie dann nur durch die innere Abkehr vom Geldausgeben ausfüllen können, obwohl sie natürlich weiterhin massiv viel Geld ausgeben. **Der Nigel, der ist auch ein bißchen so. Das ist das, was ich mit dem abgeschabten Klingelschild meinte, und auch mit den Barbourjacken**".[183] (FL 121)

Die Identität Nigels stellt sich für den Ich-Erzähler durch dessen Besitztümer und ihren Zustand dar. Hier spielen Markenbezeichnungen nur indirekt eine Rolle, zumal diese in den meisten Fällen mit der guten Qualität eines Produkts gleichgesetzt werden. Nigels Klingelschild zeigt deutliche Gebrauchsspuren und weist schon lange keine ‚Markenqualität' mehr auf. Der Erzähler schließt daraus auf eine innere Leere Nigels, die dieser durch absichtliche Gleichgültigkeit gegenüber seinem – im weitesten Sinne – ‚Äußeren' (auch sein von ihm gewähltes Umfeld gehört dazu) kompensiere. Hier wird deutlich, dass nicht nur der Erzähler selbst Projektionsflächen für seine Identität in (Marken-)Produkten sucht, sondern genauso stark die Menschen, auf die er auf seiner Reise trifft (seien es Wohlbekannte oder komplett Unbekannte) nach diesen äußeren

[183] Hervorhebung von mir.

Merkmalen definiert. Da die einzige Erzählinstanz, die man als Leser/in ‚zur Verfügung' hat, der namenlose Ich-Erzähler ist, aus dessen Sicht in extrem personaler Form sämtliches Roman-Geschehen beschrieben wird, trifft man viel häufiger auf ebensolche explizite Charakterisierungen *anderer* Figuren als auf welche, die ihn selbst genauer beschreiben.

Was die Äußerung über „Barbourjacken" am Ende des letzten Ausschnitts angeht, bezieht sich der Erzähler auf eine ganz zu Beginn des Romans getroffene Aussage, wo er sogar explizit betont, noch einmal auf dieses Thema zurückzukommen:

> „Sie [*Karin*] trägt auch eine Barbourjacke, allerdings eine blaue. Eben, als wir über Barbourjacken sprachen, hat sie gesagt, sie wolle sich keine grüne kaufen, weil die blauen schöner aussehen, wenn sie abgewetzt sind. Das glaube ich aber nicht. Meine grüne Barbourjacke gefällt mir besser. **Abgewetzte Barbourjacken, das führt zu nichts. Das erkläre ich später, was ich damit meine**".[184] (FL 14)

Bezieht man die spätere, gerade erläuterte „Erklärung" nun auch auf das Thema „abgewetzte Barbourjacken", kann damit nur wieder das Kompensieren von innerer „furchterregende[r] Leere" durch Vernachlässigung des Äußeren gemeint sein, oder mit den Worten des Erzählers: „durch die innere Abkehr vom Geldausgeben [...], obwohl sie natürlich weiterhin massiv viel Geld ausgeben", wovon dieser augenscheinlich so gar nichts hält. Besonders interessant an dieser Aussage, die sich mit dem Verweis „das [...] mit den Barbourjacken" oder auch, im Fall Alexanders, der „eine völlig verwarzte Barbourjacke" (FL 80) trägt, durch den Roman hindurchzieht, ist die daraus ersichtlich werdende einheitliche Meinung, die der Erzähler von vielen seiner Bekannten hat: Alle sind für ihn „ganz reiche Leute", die „alles andere schon gesehen und erlebt haben und sich alles kaufen können und dann irgendwann in sich so eine furchterregende Leere entdecken". (FL 121) Rollo, mit dem den Ich-Erzähler wohl die innigste Freundschaft verbindet und der als Parallelfigur, ja laut Paulokat sogar als eine Art „Alter Ego"[185] des Erzählers gewertet werden kann, wird sogar explizit so beschrieben:

> „Ich meine, ich habe das natürlich geahnt, daß Rollo todtraurig ist die ganze Zeit. [...] Es liegt in Rollos Familie, daß sie diese

---

184 Anmerkung und Hervorhebung von mir.

185 Paulokat (2012): S. 78.

> innere Leere haben, die daher kommt, daß alle das Beste wollen und sich dann irgendwo festfahren". (FL 144)

Sich selbst charakterisiert der Ich-Erzähler durch Marken hauptsächlich, wie durch einige Beispiele ersichtlich geworden sein dürfte, durch den Vergleich mit anderen Figuren. Dabei schwingt oft ein abwertender Ton mit, weil diese entweder No-Name-Produkte oder seiner Ansicht nach ‚schlechte', ‚qualitätslose', oder häufig auch bloß ‚lächerliche' Markenartikel besitzen.

Beispiele für die wenigen expliziten Nennungen seiner eigenen ‚Marken-Gewohnheiten' sind folgende:

> „Meine Hemden sind alle von Brooks Brothers. Kein Hemdenmacher schafft es, so einen wunderbaren Stoff herzustellen. Der Kragen bei diesen Hemden rollt sich ein bißchen, und das Hellblau sieht immer frisch aus, und deswegen kann man sie wirklich jederzeit tragen. Der Unterschied zwischen Brooks-Brothers-Hemden und Ralph-Lauren-Hemden ist natürlich der, daß Ralph Lauren viel teurer ist, viel schlechter in der Verarbeitung, im Grunde scheiße aussieht und man dann noch meistens so ein blödes Polo-Emblem auf der linken Brust vor sich herum tragen muß". (FL 92)

Hier glaubt der Protagonist, sich gewissermaßen dafür rechtfertigen zu müssen, sich für eine günstigere Hemdenmarke entschieden zu haben. Offenbar ist es ihm vor allem wichtig, vor anderen nicht deutlich damit gekennzeichnet zu sein, einer bestimmten Gruppe, in diesem Fall den ‚*Ralph-Lauren*-Hemden-Trägern' zuzugehören. Für sich selbst braucht er diese ‚Sicherheit', sich einordnen zu können, aber anderen gegenüber will er diesen Teil seiner Identität nicht ohne Weiteres preisgeben.

Auch im folgenden Abschnitt wird die Scheu deutlich, sich keinesfalls in der Öffentlichkeit zu einer bestimmten Gruppe zu bekennen. Der Aufnäher an der gestohlenen Barbourjacke wird sofort entfernt. Das hängt nicht nur mit dem Widerwillen, sondern auch mit der puren Unfähigkeit des Erzählers, eine für sich zufriedenstellende Identität aufzubauen, zusammen. In *Faserland* wird der Versuch eines Identitätsausbildungsprozesses dargestellt, der kläglich scheitert. Der Ich-Erzähler versucht immer wieder, sich verschiedenste Identitäten im wahrsten Sinne des Wortes ‚überzuziehen', was er selbst am Beginn des folgenden Zitats erläutert, fühlt sich aber mit keiner so richtig wohl und wie er selbst:

„Ich ziehe mich erst mal um. Da schöpfe ich merkwürdigerweise immer viel Kraft raus, aus dem Umziehen. Alexanders Barbourjacke, die ja jetzt mir gehört, hänge ich auf einen Bügel und dann auf den Haken hinter der Tür. Den Eintracht-Frankfurt-Aufnäher reiße ich ab, obwohl er mich an Alexander erinnert, aber Fußball interessiert mich nun mal überhaupt nicht, außerdem will ich nicht mit so einem Ding an der Jacke herumlaufen. Das gehört sich einfach nicht. Ich meine, ich verstehe ja im Grunde, warum Alexander den Aufnäher da hingenäht hat, so aus halb witzigen, halb Proletensolidaritäts-Gründen, aber ich fühle mich mit sowas Aufgenähtem nur dumm und gar nicht witzig". (FL 91)

Als besonders wichtige Identitätsträgerin fungiert, wie schon mehrmals angedeutet, die leitmotivisch anmutende Barbourjacke des Protagonisten. Sie wird, so Sandra Mehrfort, ganze 28 Mal im Roman erwähnt.[186] Nils Diewald fasst zusammen, dass sie Gesprächsgrundlage (zwischen dem Erzähler und Karin) ist (FL 13), ganze Orte typisiert („In Hamburg ist alles, man kann es nicht anders sagen, Barbourgrün." FL 29) sowie gestohlen (FL 81), verbrannt (FL 65f) und schlussendlich einfach vergessen wird (FL 155).[187]

Diese vielen mit ihr zusammenhängenden Handlungen geschehen nicht von ungefähr: Von Anfang an ist sie einerseits eine Art „Schutzschirm des Ich-Erzählers gegen das Draußen"[188] und andererseits ein Marken-Objekt, mit dem er sich wie mit keinem anderen identifiziert – ja das sein Inneres nach außen trägt. Gleich im ersten Kapitel macht er deutlich, dass er, im Gegensatz zu seinen Freunden, von abgewetzten Barbourjacken nichts hält, was als Ausdruck seines Wunsches nach einer stabilen, zumindest nach außen hin unerschütterlich wirkenden Identität gedeutet werden kann. Stephanie Schaefers bemerkt in ihrer Arbeit über *Deutschlandreisen in der deutschsprachigen Gegenwartsliteratur* Folgendes hierzu:

„Durch das Tragen der Trendjacke kann der Erzähler eine äußerliche Gleichheit mit den des gleichen sozialen Milieus

186 Vgl. Mehrfort (2008).

187 Vgl. Diewald (2005): S. 19.

188 Ebd.

Angehörenden signalisieren und sich eine oberflächliche Integrität sichern".[189]

Allerdings wird dieser Wunsch nach Integrität und stabiler Identität sogleich zunichte gemacht: Nach der schockierenden Erfahrung, Nigel dabei zu erwischen, wie er auf einem blutbefleckten Bettlaken „tatsächlich mit irgendwelchen Leuten herum[macht]", (FL 49) beschmutzt der Ich-Erzähler auf seinem Flug von Hamburg nach Frankfurt seine Jacke mit „Ehrmann-Joghurts [...], die mir in der Tasche ausgelaufen sind", was ihm so „furchtbar peinlich" ist, dass ihm „ganz schummrig" (FL 59) wird. In einem symbolträchtigen Akt wird die Jacke daraufhin sofort nach der Landung von ihm verbrannt. Paulokat sieht darin den Versuch, „analog zu dem Vorsatz, nie wieder an Nigel zu denken – durch dieses reinigende Feuer Erlösung von dem traumatischen Erlebnis in Hamburg"[190] zu erhalten. Er fühlt sich – nun gänzlich ohne Schutzmantel und Bindeglied, das ihm beim Versuch der Passung zwischen Innen- und Außenwelt helfen könnte – sichtlich unwohl, was sich etwa darin äußert, dass er der Stimme Alexanders, der für den Erzähler „immer ein feiner Kerl, ein guter Freund war", (FL 66) mit dem es aber „[i]rgendwann [...] zum richtigen Streit [kam]", (FL 74) am Telefon im Hotel nicht standhält, sich daraufhin übergeben muss, Stunden schlafend in der Badewanne verbringt und beim Abtrocknen „mit den schönen weichen Handtüchern des Hotels" mühsam versucht, „dabei nicht in den Spiegel zu sehen". (FL 76)

Bei der nächsten sich bietenden Gelegenheit eignet er sich wieder eine Barbourjacke, wieder in Grün, an, und zwar auf folgende Art und Weise:

> „Ich zahle meinen Äbbelwoi an der Bar und laufe zu dem Tisch, an dem Alexanders Jacke hängt. Ich denke gar nicht lange nach, sondern nehme die Barbourjacke von der Stuhllehne und ziehe sie an. [...] Keiner kommt mir nach, keiner ruft mir hinterher. Die Barbourjacke ist schön warm, auch wenn kein Futter drinnen ist, und ich stecke die Hände in die Außentaschen und laufe auf dem Kopfsteinpflaster". (FL 81)

Nachdem sein alter Freund wie aus heiterem Himmel die Bar betritt, in der sich der Erzähler befindet, ihn damit „zu Tode [erschreckt]", dann aber einfach vorbeigeht, „obwohl ich direkt an der Bar auf dem blöden

---

[189] Schaefers (2008): S. 80.

[190] Paulokat (2012): S. 64.

Barhocker sitze und ihn anstarre", (FL 80) wirkt dieser wie von einem inneren Drang getrieben, sich Alexanders Jacke so schnell wie möglich überzuziehen. Er strahlt nun wieder die von ihm so gewünschte ‚Barbour-Attitüde' aus und hat, wie auch Paulokat bemerkt, wieder einmal den Versuch unternommen, sich eine neue Identität überzustreifen,[191] mit der er sich, zumindest eine kurze Zeit lang, behaglich fühlt – ihm ist immerhin plötzlich „schön warm".

Am Ende des Romans muss auch die Barbourjacke dann daran glauben: Bezeichnenderweise wird sie, die zuerst die Jacke war, „die ja jetzt mir gehört", (FL 91) im letzten Kapitel als „Alexanders Barbourjacke im Hotel zurückgelassen". (FL 155) Der Schutzschirm ist dadurch vom Erzähler abgefallen, nachdem er auch plötzlich wieder Alexander zuerkannt wurde. Wertet man diese Handlung als Symbol, würde dies natürlich die Annahme stärken, der Erzähler nehme sich das Leben auf seiner letzten Station. Seine Identitätssuche beziehungsweise der Versuch ihrer schrittweisen Ausbildung sind jedenfalls gescheitert. Die Reise oder Flucht endet hier nach letzten aufkeimenden Hoffnungsschimmern („Vielleicht ist die Schweiz ja eine Lösung für alles" FL 151) und der Erzähler findet sich alleine, im Dunkeln, auf einem Friedhof wieder:

> „Ich laufe umher und suche [*nach dem Grab von Thomas Mann*],[192] aber es wird immer dunkler. Dann suche ich die Frau mit den Krücken, weil sie mir sicher sagen könnte, wo genau das Grab liegt, aber sie ist weggegangen". (FL 156)

Als er sich anschließend ans andere Ufer des Züricher Sees bringen lassen will, scheint ein Ankommen unmöglich. Der Tod des Protagonisten ist nur eine mögliche Interpretation des offenen Endes – dass aber ein stabiles Selbst für diesen unerreichbar bleibt, ist eindeutig herauszulesen.

Im Titel dieses Abschnittes wurde neben „Marken" auch von „Medienelementen" als gebrauchsfertige Versatzstücke für den Versuch der Ausbildung von Identität gesprochen. Wie bereits festgehalten wurde, werden in Popliteratur die Weltwahrnehmung und Ausdrucksweise der Figuren häufig durch Muster aus den Medien beeinflusst. Gefühle beispielsweise können durch den Verweis auf einen bestimmten Film oder Werbeclip

[191] Vgl. Paulokat (2012): S. 64.

[192] Anmerkung von mir.

transportiert werden. Zur Identitätsbildung trägt dies insofern bei, als man sich in seinem Selbst auch dadurch bestätigt fühlt, es mit eben solchen vorgegebenen Mustern zu vergleichen. Empfindungen können eingeordnet werden, wenn sie mit bekannten Eindrücken ‚übereinstimmend' sind.

Auch in *Faserland* finden sich einige Beispiele hierzu, die, um den Rahmen nicht vollends zu sprengen, aber nicht alle genannt werden können. Einen Überblick geben folgende Auszüge:

> „Der Fischer und die Anne sind weg, dafür ist die Küche jetzt voller geworden, eigentlich das vollste Zimmer auf der ganzen Party, und ich muß an den alten Jona Lewie-Hit denken, den ich früher in Salem jeden Tag mindestens eine Million mal gehört hab: *You 'll always find me in the Kitchen at Parties.* Dann muß ich grinsen, weil das Lied mir so unheimlich zutreffend erscheint, so richtig perfekt, für diesen Augenblick in dieser blöden Neon-Küche". (FL 43)

Auf der Party in Hamburg, auf die Nigel ihn mitnimmt, zieht sich der Ich-Erzähler immer wieder in die Küche zurück. Einerseits, um sich noch mehr Alkohol zu holen, andererseits auch, um dem eigenartigen Verhalten der anderen Partygäste auszuweichen:

> „Warum tun bloß alle so schwul, das verstehe ich nicht. Ich bemühe mich zurückzulächeln, obwohl ich das Getue ziemlich affig finde. [...] Ich fühle mich etwas schummrig und frage Nigel, ob das dazugehört, und der nimmt schon wieder meine Hand, obgleich ich das nicht will [...]" (FL 42)

Sein Handeln bestätigt sich für den Erzähler nicht nur durch die Anwesenheit vieler anderer Gäste, die offenbar dieselbe Motivation hatten, sondern auch durch einen Song, der ihm aus den Medien bekannt ist, und angesichts der Situation unwillkürlich als Muster abgerufen wird. Seine Reaktion auf diesen Gedanken, die plötzliche Fröhlichkeit, zeugt von Entspannung. Der Erzähler fühlt sich mit einem Mal beruhigt, weil er den erlebten Moment etwas Bekanntem zuordnen kann.

Ähnlich geht es ihm hier:

> „Das Flugzeug kreist weiter über Frankfurt, taucht immer mal wieder durch die Wolken, dann glitzert das Sonnenlicht plötzlich auf den Flügeln, und ich sehe aus dem Fenster und muß daran

denken, daß mich Landeanflüge immer an die großartige Anfangsszene aus Triumph des Willens erinnern, wo der blöde Führer in Nürnberg oder sonstwo landet, jedenfalls kommt er so von oben herab zum Volk". (FL 60f)

Er zögert ein wenig, ehe er sich die Assoziation mit der Szene aus dem NS-Propagandafilm *Triumph des Willens* ‚erlaubt' – deshalb auch nicht das direkte „Erinnern", sondern das „daran Denken, dass es daran erinnert". Als ob er sich dazu verpflichtet fühlte, erklärt er anschließend, warum ihm die Szene in den Sinn kommt und woher er sie kennt:

> „Ich meine, das ist ja ganz gut gemacht [...]. Den Film haben sie uns mal in der Schule gezeigt, [...] damit wir sehen, wie man durch Film fein manipulieren kann". (FL 61)

Es fällt ihm sichtlich schwerer, ein Ready Made von einem ideologisch zweifelhaften Medienobjekt zu übernehmen, oder zumindest, dies zuzugeben. Nichtsdestotrotz greift er genauso auf ein bekanntes Muster zurück wie zuvor. Fasst er sein Leben narrativ auf (wie es einem als Leser/in nicht anders vorgemacht wird), kann anstelle der Erinnerung des eigenen Erlebnisses das Bild der Anfangsszene aus dem Film rücken.

Im folgenden Beispiel vergleicht sich der Erzähler mit einer prominenten Person aus den Medien, sucht also nicht nur nach einem vorhandenen Muster der zu bewältigenden Situation, sondern auch nach einem ‚Modell' für sich selbst, in das er sich flüchten kann:

> „Ich laufe ganz langsam die große Treppe hinunter, und während ich gleichzeitig denke, daß das so etwas Filmisches hat, wie ich da herunterkomme, **so wie Cary Grant in einem Schwarzweißfilm** in den Vierzigern, und ich mich furchtbar nackt und schutzlos fühle da auf der Treppe, bemerke ich, daß jemand den großen Kristalleuchter angezündet hat, und die Milliarden von Kerzen machen alles so festlich, wie Weihnachten früher bei uns zu Hause".[193] (FL 129f)

Der Protagonist fühlt sich auf dem Weg vom Gästezimmer in Richtung Garten, wo Rollos Geburtstagsfeier stattfindet, merklich unwohl. Er versucht deshalb – gar nicht unbedingt bewusst – die sich ihm bietende

---

[193] Hervorhebung von mir.

‚Lebensszene' zu verorten und auch sich selbst einem bekannten Eindruck zuzuordnen. Zuerst flüchtet er sich in eine Film-Assoziation, in einem nächsten Schritt dann in eine Erinnerung von früher. Wie im obigen Beispiel verschwimmen für den Erzähler wirklich erlebte Ereignisse mit Bildern, die durch Medien generiert wurden.

3.1.3.2 Abgrenzung von der Vorgängergeneration

Ebenso eine wichtige Rolle in der Darstellung des (versuchten) Identitätsbildungsprozesses des Protagonisten in *Faserland* spielt die Abgrenzung von der Vorgängergeneration. Dies mag nicht nur ein Merkmal einer typisch postmodernen Identitätsbildung (oder eben ihrer fiktiven Abbildung) sein, sondern ist hier auf besondere Weise charakteristisch: Figuren in Popromanen, die vorrangig noch sehr jung sind (kaum über 30), definieren sich, wie im letzten Punkt beschrieben, über popkulturelle Produkte und Werte. Dies stellt auch eine Art Affirmationshaltung oder einfach Gleichgültigkeit gegenüber des bestehenden Gesellschaftszustandes dar, was sie deutlich von früheren, stark politisierten Generationen abhebt.

Der Ich-Erzähler in *Faserland* drückt seinen Unmut gegenüber seiner Elterngeneration bei jeder sich bietenden Gelegenheit aus. Er lässt sich dabei nicht nur, wie im vorhergehenden Abschnitt in einem Zitat erkennbar, über die Eltern seines Freundes Rollo aus („Seine Eltern sind nämlich ziemliche Hippies. [...]" FL 121), sondern auch über ihm gänzlich unbekannte Menschen. Förmlich verfolgt fühlt er sich auf all seinen Städtebesuchen in Deutschland von ‚alten Nazis':

> „Der Rentner trägt ein Cordhütchen [...] und ich sage zu Karin, daß das sicher ein Nazi ist, und Karin lacht". (FL 20)
> „Der Fahrer ist natürlich ein ziemlicher Faschist, aber irgendwie ist das ganz lässig, so durch die Nacht zu fahren und eklige Zigaretten zu rauchen, und vorne fährt so ein armes dummes Nazischwein in einem Trainingsanzug und redet und redet, als gäbe es kein Zurück". (FL 38)

Es scheint so, als würde der Erzähler alle Menschen, die er als abstoßend empfindet (was häufig auf ihr Äußeres zurückzuführen ist), automatisch in die Kategorie „Nazi" einreihen. Insbesondere trifft es ältere Männer – die

„sehr alte Frau“ (FL 55), die neben ihm im Flugzeug sitzt, kommt sehr gut weg – die, wie er nach einigen scheinbar grundlosen ‚Verdächtigungen‘ zugibt, ohne Ausnahme einfach so aussehen:

> „Ich weiß, das klingt jetzt komisch, aber ich sage das trotzdem mal: Ab einem bestimmten Alter sehen alle Deutschen aus wie komplette Nazis. Der Fahrer auch. Da muß man nur in bestimmte Orte fahren, wo sehr viele Rentner sind, dann kann man das sehen. [...] Und diese Rentner waren alle mal früher blond, das schwöre ich“. (FL 93)
>
> „Ich verstehe das nicht. Früher sahen sie nicht aus wie Nazis. Dieser Rentner, den Karin auf Sylt fast überfahren hätte, [...] der sah früher auch nicht aus wie ein Nazi. Und der Taxifahrer, der mich zur Max-Bar bringt, der auch nicht. Dabei sieht man es ihm im Gesicht an, daß er einmal KZ-Aufseher gewesen ist oder so ein Frontschwein, der die Kameraden vors Kriegsgericht gebracht hat, wenn sie abends über den blöden Hitler Witze gemacht haben, oder daß er irgendein Beamter war, in einer hölzernen Schreibstube in Mährisch-Ostrau, der durch seine Unterschrift an einem Frühjahrsmorgen siebzehn Partisanen, ihre Frauen und ihre Kinder liquidieren ließ. Daran muß ich denken“. (FL 94)

Wie im gesamten Roman blendet auch hier der Erzähler eine Begründung seiner behaupteten Meinung aus. Es scheint aber durch, dass ihn das Thema Vergangenheit sehr beschäftigt – nicht nur auf sich persönlich bezogen (wovon zahlreiche eingestreute Erinnerungsfragmente zeugen), sondern auch das Land betreffend, durch das es ihn auf seiner Reise zieht.

Er gehört augenscheinlich einer Generation an, die keinen direkten Bezug mehr zur nationalsozialistischen Vergangenheit hat – anders als seine Elterngeneration, die als ‚Kriegskinder‘ oder ‚68er‘ die wiederum ihnen vorangehende Generation anklagte und sich vor allem auf politischem Weg abgrenzte. Die von Florian Illies in seinem Bestseller-Essay so genannte ‚Generation Golf‘ der zwischen 1965 und 1975 Geborenen, denen auch der Autor Christian Kracht sowie (offensichtlich) sein Ich-Erzähler angehören, hat daraufhin das Bedürfnis, sich nicht ständig mit dieser

Vergangenheit auseinandersetzen zu müssen und nimmt in diesem Sinne eine Art Verweigerungshaltung ein.[194]

Das ständige Gefühl des Erzählers, von „Nazis“ umgeben zu sein, weist nun aber darauf hin, dass er diese Vergangenheit seines ‚Vaterlandes‘ doch nicht ganz abschütteln kann. Er versucht zwar, sich von jeglicher politischer Haltung abzugrenzen, also von der seiner Eltern- *und* Großelterngeneration (die in diesem Fall so pauschal charakterisiert betrachtet wird, wie es der Erzähler tut), wird aber immer wieder davon eingeholt:

> „Varna war [...] so liberal-dämlich, daß es einfach nicht möglich war, sich ihre blöden Ideen anzuhören, ohne auszurasten [...]. Daß man ja eigentlich doch die Grünen wählen müßte, [...]. Ich hab dann immer so Sachen gesagt, daß man zum Beispiel eine Einlaufanstalt in jedem Bundesland bauen müßte und daß ja jeder, der sich aufregt über politische Verhältnisse, einen polizeilich verordneten Einlauf bekommen müßte. Varna hat dann immer gesagt, ich wäre ja ein Nazi und vollkommen unpolitisch, und ich wollte sie dann eigentlich immer fragen, wie das denn gehen soll, gleichzeitig Nazi und vollkommen unpolitisch zu sein [...]“ (FL 73f)

Obwohl der Erzähler so vehement versucht, sich von der Identität seiner Vorvätergeneration loszusagen – seine aggressiven, wenn auch in den meisten Fällen nur gedanklichen Beschimpfungen kommen nicht von ungefähr – wird ihm hier vorgeworfen, selbst nicht anders zu sein. Varnas Kommentar ist zwar eindeutig die Reaktion auf eine bewusst provozierende Anti-Haltung – wobei der Begriff ‚Nazi‘ längst nicht mehr nur politisch verstanden wird, sondern hauptsächlich als Beleidigung fungiert – zwingt den Erzähler aber dazu, sich mit dieser Identifikation auseinanderzusetzen. Es fällt dabei auf, dass er, der sich bewusst weigern will, überhaupt politisch zu denken oder Verhältnisse in Frage zu stellen, sich im Endeffekt mehr Gedanken über ‚politisches Verhalten‘ macht als die ach so interessierte Varna. Dass er diese so sehr verachtet, hängt einerseits mit Eifersucht zusammen, da sein bis dato enger Freund Alexander Varna „doch so sehr geliebt [hat]“, (FL 74) aber andererseits auch mit ihrer, vom Erzähler so wahrgenommenen „liberal-dämlich[en]“ (FL 73) Art. Rebellion und Abgrenzung heißt für ihn, wie gesagt, ‚Politik-

---

194 Vgl. Illies (2000).

Verweigerung', die er unbewusst von seiner Generation erwartet. Der Aufbau einer neuen kollektiven, generationsspezifischen Identität, in die er sich einfügen könnte, scheitert für ihn an ausscherenden Einstellungen, wie Varna sie vertritt.

Dass es für den Ich-Erzähler eigentlich keinen Unterschied macht, welche politische Einstellung man (scheinbar) vertritt, weil sie ihm im besten Falle aufgesetzt und in jedem Fall sinnlos erscheint, zeigt folgende Szene am Flughafen:

> „Dann esse ich ganz schnell hintereinander zwei Joghurts auf. Während ich das tue, starre ich dem Mann ins Gesicht, bis er wegguckt, denn konfrontiert werden mag er ja auch nicht, dieses SPD-Schwein. Dann merke ich, daß ich ganz furchtbar niesen muß, und da kommt es auch schon, und ich niese wie ein Wahnsinniger auf das ganze blöde Sortiment der Lufthansa. Der Mann ist jetzt richtig erbost, und murmelt: So eine Frechheit oder irgendetwas ähnlich Belangloses, und ich starre ihn an und sage ganz leise, aber so, daß er's hört: Halt's Maul, du SPD-Nazi". (FL 53)

Die Art der politischen Gesinnung und auch das Wahlverhalten sind für den Erzähler absolut nebensächlich („Ich würde erzählen [...] von den Gewerkschaftern, die immer SPD wählen, als ob wirklich etwas davon abhinge, [...]" FL 153) – was ihn stört, ist die allgemeine Verlogenheit, die er in jeglicher politischen Aktivität und allein dem Interesse daran sieht.

Wie Christoph Rauen feststellt, resultieren all die Probleme, die in *Faserland* thematisiert werden, durchwegs „aus der Differenz von Wesen und Erscheinung" oder, anders ausgedrückt, aus „Verstellung".[195] Der Erzähler reagiert nach ihm „übersensibel auf jegliches Verhalten, das auch nur den Anschein erweckt, nicht aufrichtig gemeint zu sein"[196] – so auch hier. Die nationalsozialistische Vergangenheit des Landes, in dem der Erzähler scheinbar aufgewachsen ist, stellt für ihn, trotz aller Verdrängungsversuche, einen so starken Einbruch dar, dass er sich nicht vorstellen kann, dass sich die Menschen in Deutschland noch einmal ändern könnten oder seitdem verändert hätten. Natürlich muss man diese regelrechte Traumatisierung des Erzählers auch als Kritik lesen, die Kracht am zwanghaften

---

[195] Birgfeld & Conter (2009): S. 116.

[196] Ebd.: S. 117.

Erinnerungskult („Daran **muß** ich denken".[197] FL 94) übt, der eine Generation erreicht hat, die keinen direkten Bezug mehr zu den Geschehnissen hat. Trotzdem liegt in ihr die Wurzel aller Abscheu des Protagonisten gegenüber Politik begraben.

Was den Konflikt des Erzählers noch erheblich verschärft, ist die Tatsache, dass er sich aus dem Kreis der sich Verstellenden, heuchlerisch Etwas-verändern-Wollenden, im Grunde aber ‚Nazis-Bleibenden' selbst nicht ausschließen kann. Nach Rauen ist er „selbst ein Simulator", jemand, der „Interesse heuchelt und die Leute an der Nase herumführt"[198] – was darin kulminiert, seinen Freund Rollo weinend und zitternd auf dem Steg am See stehen zu lassen, vorgebend, sich nur schnell ein Getränk zu holen.

Dadurch, dass er sich bewusst wird, nicht anders als der Rest der ‚Deutschen' zu sein (die sich seit der Vergangenheit im Grunde nicht verändert haben), scheitert auch die Abgrenzung von seinen Vorgängergenerationen. Mehrere Stellen im Roman weisen auf diese schrittweise Bewusstwerdung hin:

> „Von den Deutschen würde ich erzählen, von den Nationalsozialisten mit ihren sauber ausrasierten Nacken, von den Raketen-Konstrukteuren, die Füllfederhalter in der Brusttasche ihrer weißen Kittel stecken haben, fein aufgereiht". (FL 153)

Bereits in der Schweiz, stellt sich der Erzähler hier vor, wie er seinen und Isabella Rosselinis Kindern „von Deutschland [...], dem großen Land im Norden, von der großen Maschine, die sich selbst baut" und „von den Auserwählten, die im Inneren der Maschine leben, die gute Autos fahren müssen und gute Drogen nehmen [...]" (FL 152f) erzählen würde. Er betont dabei den „ausrasierten Nacken" der Nationalsozialisten, den auch er selbst sowie sein Freund Nigel tragen:

> „Jedenfalls laufen wir zusammen die Treppe hoch, und ich sehe auf Nigels Nacken, der immer sauber ausrasiert ist, wie mein Nacken auch". (FL 31)

An anderer Stelle spricht der Erzähler explizit das „Nazi-Leben" in Deutschland an, dem sich scheinbar keine/r entziehen kann:

---

[197] Hervorhebung von mir.

[198] Rauen in Birgfeld & Conter (2009): S. 117.

> „Es gibt so Momente, in denen ich alles genau verstehe, so, wie mit Nigel und seinen T-Shirts, und dann plötzlich entgleitet mir wieder alles. Ich weiß, dass es mit Deutschland zu tun hat und auch **mit diesem grauenhaften Nazi-Leben hier** und damit, daß die Menschen, die ich kenne und gern habe, so eine bestimmte Kampfhaltung entwickelt haben und daß es für sie nicht mehr anders möglich ist, als aus dieser Haltung heraus zu handeln und zu denken".[199] (FL 69f)

Als ob sie in einen Sog gezogen würden, bestimmt eine gewisse Notwendigkeit das Handeln der Figuren im Roman. Deutschland und die Menschen darin sind dermaßen vom Nationalsozialismus (der hier augenscheinlich hauptsächlich mit aggressivem Verhalten und Egoismus gleichgesetzt wird) geprägt, dass sich – aus Sicht des Erzählers – nichts mehr daran ändern lässt. Schließlich erschleicht ihn die Erkenntnis, dass er nur ein Teil dieses Ganzen sein kann:

> „Aber manchmal verstehe ich den Ansatz dieser Haltung nicht, die Herangehensweise, und dann frage ich mich, **ob das immer schon so war und ob ich nicht vielleicht auch so bin**, eben für die anderen überhaupt nicht mehr nachvollziehbar".[200]
> (FL 70)

3.1.3.3 Objekte der Massenkultur als kollektive Identitätsstifter

Der Ich-Erzähler in *Faserland* versucht auch, sich durch die Erinnerung an bestimmte Objekte der Massenkultur, die seine Kindheit prägten, in der Gesellschaft zu verorten. Dies ist ein weiterer Ausdruck des Bemühens, für sich eine Identität aufzubauen, in der er sich durch den Vergleich mit anderen, derselben ‚Gruppe' zugehörigen Subjekten bestätigt fühlt. Am eindeutigsten lässt sich dies an folgendem Erinnerungsfragment aus dem vierten Kapitel zeigen:

> „Naja, eigentlich war das ja so, daß er sich nur Berry leisten konnte, und ich, da ich natürlich immer mehr Geld hatte, habe uns dann jedesmal Grünofant gekauft. Das haben wir immer in

[199] Hervorhebung von mir.

[200] Ebd.

> den Dünen gegessen. Damals, ich erinnere mich, schien mir das eine so erschreckend normale Tätigkeit, so, als ob alle Jungen in meinem Alter sich die ganze Zeit nie Gedanken machen würden über Dinge, sondern nur mit Fahrrädern mit Bananensatteln spielen und Grünofant essen würden, und zwar alle, ohne Ausnahme". (FL 76f)

Als der Erzähler an seinen früheren Sylter Spielkameraden Henning Hansen zurückdenkt, fallen ihm als erstes die Namen der Eissorten ein, die sie zusammen aßen. Schon damals spielten Marken und ihr Wert – wenn auch unfreiwillig – eine nicht unerhebliche Rolle für ihn (später wird darauf hingewiesen, dass die Freundschaft wohl auseinanderging, weil Henning „es einfach nicht ertragen konnte, daß er immer nur Berry hat kaufen können und ich immer Grünofant" FL 78).

Sehr deutlich wird außerdem, wie beruhigt und unbeschwert sich der Erzähler als Kind in Erinnerung hat, was offenbar einen großen Kontrast zur Gegenwart darstellt. Sich „nie Gedanken machen" zu müssen wiederum ist untrennbar mit der Erinnerung an die Elemente „Berry" und „Grünofant" verbunden. Damals war er sich seiner kohärenten, stabilen Identität noch sicher – er nahm sich als ganz normaler Junge wie alle in seinem Alter wahr, konnte sich also problemlos in ein Außen einfügen. Betont wird diese empfundene Sicherheit durch den Zusatz „und zwar alle, ohne Ausnahme". In seinen sorglosen Kindertagen war es für den Erzähler noch möglich, sich ohne jegliche Anstrengung in die ihn umgebende Welt einzupassen – er fühlte sich wie jeder andere. In der Gegenwart nimmt er sich dagegen fast ausnahmslos als Fremdkörper wahr, der sein Ich nicht zuordnen kann.

Auch die Erinnerung an einen Urlaub mit seinem Vater enthält einige Namen von popkulturellen Objekten und prominenten Personen:

> „Ich hab mich also in diesem alten, furchtbar ehrwürdigen Kolonialhotel herumgetrieben und grausam gelangweilt. Ich hab im Billardzimmer eine drei Wochen alte Bravo gelesen, da war die Bravo noch nicht so ein Pornoheft wie heute, mit nackten 17jährigen Lesben zu zweit unter der Dusche, sondern mit schamhaften Artikeln über den Erguß und Fotostorys über Robby Müller von den Teens, über Smokie, oder über Thommy Ohrner in der Fernsehserie Timm Thaler, der ersten Serie

> übrigens, in der jemand weiße Bermudashorts und Collegeschuhe trägt mit goldenen Schnallen". (FL 89)

Der Protagonist hat die „Bravo" gelesen, wobei er wieder den Unterschied des Magazins von damals und „heute" betont. Damals schien sie ihm noch lesenswert für Jugendliche, heute sei sie nur noch ein „Pornoheft" – wieder wird eine eindeutig negative Entwicklung vom Früher ins Jetzt hervorgehoben. Die idealisierte Vergangenheit wird vom Erzähler immer mithilfe von Objekten und Personen der Massenkultur veranschaulicht, weil diese prägende Elemente der damals noch als stabil wahrgenommenen Identität waren. Erst aus dem Abstand des Erwachsenenseins heraus ist es ihm möglich, sein damaliges Ich im Horizont einer ganzen Generation zu verorten. Dadurch findet er kurzzeitig Sicherheit, weil die Erinnerung ihn in seinem Sein bestätigt. Das mag auch die Erklärung für die zahlreichen Momente im Roman sein, in denen er sich plötzlich in eine Assoziation oder fragmentarische Erinnerung flüchtet. All dies sind vergebliche Bemühungen des Erzählers, sich ein kohärentes Selbstbild im Präsens aufzubauen. Nach Lettow ist es nämlich „[k]eine manifeste Vergangenheit", die „seinen Weg [konturiert], nur Fetzen der Erinnerung, die im Kontrast zur Gegenwart stehen und sich somit kaum in ein Selbstbild integrieren lassen".[201]

3.1.3.4 Liebesbeziehungen, Freundschaft und Sexualität wirken selbstzerstörend

Wirkte das Übernehmen von konventionellen sozialen Lebensmustern, wie in einer Ehe oder festen Partnerschaft zu leben oder Freundschaften und sexuelle Kontakte zu pflegen, in Zeiten der Moderne noch sinnstiftend für das eigene Leben und damit definierend für das Selbst, zeichnet sich postmoderne Identitätsbildung durch individuelle Lebensführung, fern von gesellschaftlichen ‚Vorgaben', aus. In *Faserland* wird dieser Ansatz radikalisiert, indem die genannten Modelle das Gegenteil von subjektiver Sinn- und Selbstbildung bewirken: ihre Zerstörung.

Sämtliche sozialen Beziehungen und sexuellen Annäherungsversuche des Ich-Erzählers scheinen zum Scheitern verurteilt zu sein. Bereits im ersten

[201] Lettow (2001): S. 292.

Kapitel häufen sich die Beispiele dafür: Das Treffen mit Karin auf Sylt scheint zunächst vielversprechend („Darunter trägt sie nur einen Body, und ich sehe, daß sie ziemlich große, feste Brüste hat, und ich merke, daß sie weiß, daß ich das sehe." FL 17), verläuft aber ziemlich schnell im Sand. Die Kommunikation zwischen den beiden funktioniert von Anfang an nicht – weder schafft es der Protagonist, ihr zuzuhören („[...] während der Fahrt erzählt sie irgend etwas, und ich bemühe mich zuzuhören, es gelingt mir aber nicht [...]" FL 22), noch scheint Karin sich wirklich dafür zu interessieren, was er ihr mitteilt. So schlägt sie ihm kurz vor dem abrupten Ende des Dates „allen Ernstes" vor, sich doch „morgen abend [zu] treffen, im Odin", obwohl ihr der Erzähler unmittelbar zuvor erklärt hat, „daß ich morgen abfahre". (FL 23) Sein eigenes Verhalten so unverhohlen gespiegelt zu bekommen, stößt diesen merklich vor den Kopf. Nachdem er im nächsten Moment von Karin einfach auf einem Hügel, „das leere Glas in der Hand", (FL 23) stehen gelassen wird, ist all der ansatzweise Zauber der vorigen Kuss-Situation vollends verschwunden. Der *Roederer* „perlt nicht mehr, [...] schmeckt [...] schal und flach und abgestanden und nach Asche" und der Erzähler beschließt angesichts dieser enttäuschenden Wende sogar, „nicht mehr nach Sylt [zu] fahren". (FL 23)

Mit der misslingenden Kommunikation aber nicht genug: Auch alle körperlichen Annäherungen im Laufe des Tages schlagen fehl. Als Karin den Protagonisten nur kurz berührt, reagiert er irritiert und scheint völlig überfordert zu sein:

> „Unterwegs streift Karins Hand ganz kurz meine Hand, und ich bekomme einen Hustenanfall". (FL 20)

Daraufhin entsteht wieder Distanz zwischen den beiden. Nach Thomas Borgstedt ist es immer dasselbe „Muster körperlicher Abwehr" des Ich-Erzählers in *Faserland*, nach dem „[v]erschiedene Gelegenheiten zu Affären scheitern".[202] So wird ihm, als Karin ihn auf den Mund küsst, mit einem Male so schwindelig, dass er seine Augen nicht mehr geschlossen halten kann. Karin reagiert, indem sie aufhört, ihn zu küssen. (FL 23) Wieder wurde die aufkommende Nähe also erfolgreich abgeblockt.

---

[202] Borgstedt (2003): S. 238.

Ein weiteres Indiz dafür, dass der Ich-Erzähler es offensichtlich nicht schafft, sich mit seiner aufkeimenden Zuneigung zu – in diesem Fall Karin – auseinanderzusetzen, ist seine abermalige Flucht in Erinnerungen:

> „Karin fährt los, und während der Fahrt erzählt sie irgend etwas, [...] und so starre ich sie von der Seite an. [...] wie ihr braungebrannter Arm auf dem Lenkrad ruht, dieser Arm, der bedeckt ist mit kleinen goldenen Härchen, und ich erinnere mich daran, wie ich einmal, als kleiner Junge, neben einem kleinen Mädchen auf einem Handtuch am Strand von Kampen gelegen habe, [...] und das kleine Mädchen war eingeschlafen, und ich habe ihr den weißen Sand über den Arm rieseln lassen und beobachtet, wie sich der feine Sand in ihren Armhärchen verfangen hat. Davon ist sie aufgewacht, und sie hat mich angelächelt, und dann haben wir zusammen am Meer mit bunten Plastikschaufeln eine Sandburg gebaut". (FL 22)

Anstatt sich der Gegenwart hinzugeben, versetzt sich der Protagonist, wie so oft, zurück in seine Vergangenheit. Es scheint, als würde er sich nach seiner kindlichen Ungezwungenheit und auch einem kindlich-asexuellen Umgang mit seinem Gegenüber sehnen. Ohne Zweifel ist er mit der Situation bis zu einem gewissen Grad überfordert und sucht deshalb wieder einmal einen Fluchtpunkt im Blick zurück.

Kommt in der Gesellschaft von Karin beim Erzähler wenigstens noch kurzzeitige Glücksseligkeit auf („Ich glaube, ich mag Karin ganz gerne." FL 19), misslingt jeder weitere im Roman beschriebene Kontakt zu Frauen völlig. Ein früherer Eroberungsversuch von Anne etwa missglückte aufgrund der abermaligen körperlichen Negativ-Reaktion:

> „Ich hab einmal im PI versucht, sie aufzureißen, und das ist damals ziemlich in die Hose gegangen, da ich betrunken war und kotzen mußte, und als ich vom Klo zurückkam, war sie verschwunden". (FL 18)

Und auch die „erste große Liebe" des damals 16-jährigen Ich-Erzählers, die er gegenwärtig „jetzt mal einfach Sarah [nennt]" (FL 32) und in deren Elternhaus er nach dem gemeinsamen Familienessen eine Nacht im Gästezimmer verbrachte, muss sich mit körperlichen Ausscheidungen begnügen:

> „Ich mache also das Licht am Nachttisch an, Knips macht das, und ich gucke an mir herunter und sehe, daß ich ins Bett gekotzt habe, aber das ist nicht alles, nein, ich habe auch noch ins Bett geschissen". (FL 33)

Wieder hat der Erzähler jegliche Kontrolle über sich und die Situation verloren – um ihn „wird alles dunkel". (FL 33) Ohne lange zu überlegen ergreift er die Flucht, diesmal auf physischem Weg, heult unentwegt vor Scham und sieht Sarah nie wieder.

Ähnlich überwältigt und zur Flucht genötigt fühlt er sich auf der Party mit Nigel, auf der er einem Mädchen, das, wie er sicher ist, „alles verstanden hat, was es zu verstehen gibt", (FL 45) ins Badezimmer folgt. Wie mit Karin scheint die Zweisamkeit zunächst vielversprechend zu sein:

> „Ich setze mich zu dem Mädchen an den Badewannenrand, und sie fängt an, sich mit den Händen an den Schenkeln zu reiben, immer hin und her. Das sieht irgendwie gut aus, und ich merke, wie mir zwischen den Beinen ganz warm wird, und das fühlt sich ganz komisch an, weil ich so ein intensives körperliches Gefühl noch nie hatte". (FL 46)

Kaum hat sich der Erzähler allerdings der Situation geöffnet und lächelt das Mädchen an, widerfährt ihm, was sonst seine eigene Reaktion auf Nähe ist:

> „[…] und sie lächelt zurück, und dann hört sie auf zu reiben und stützt ihre eine Hand auf den Badewannenrand, und mit der anderen Hand verkrallt sie sich im Ärmel meines Tweedsakkos, und dann dreht sie sich weg und übergibt sich in die Badewanne". (FL 46)

Irritiert konzentriert sich der damit Abgestoßene zunächst auf das, was da aus seiner Begleitung herausströmt, „ein richtiger Schwall, wie in der Exorzist, […] und man kann richtig sehen, was sie alles getrunken haben muß […] Ich wußte gar nicht, daß Menschen auf einen Haufen soviel kotzen können", (FL 46) fühlt sich mit einem Mal aber ebenfalls sehr schlecht und hat nur noch das dringende Bedürfnis, den Raum mit dem sich ihm bietenden Bild zu verlassen. „[S]o richtig körperlich ausgelaugt" (FL 46) schwankt er mit letzten Kräften aus dem Badezimmer.

Stefan Bronner vertritt die These, dass in Krachts Romanen, „[j]e kulissenhafter und ‚unwirklicher' die erzählte Wirklichkeit erscheint, desto diffuser auch das literarische Subjekt"[203] wird. Hier wird dies deutlich. Die ganze Szene wirkt auf den Protagonisten wie aus einem Film – die wirkliche Welt entgleitet ihm, was ihn dazu bringt, sich „langsam immer beschissener" (FL 46) zu fühlen.

Die letzte vermeintlich aussichtsreiche weibliche Bekanntschaft macht der Erzähler auf der Verbindungs-Party in Heidelberg. Schon auf dem Weg dorthin fällt ihm das Mädchen auf der Rückbank des Taxis auf, das „gar nicht mal schlecht aus[sieht] [...], auch irgendwie sexy [ist], [...] wie sie da so kichert hinten". (FL 97) Später kommt er mit Nadja ins Gespräch und findet es „wirklich sehr charmant von ihr", wie sie „an der etwas dunkleren Stelle, an der ich vorhin im Hotel den Eintracht-Frankfurt-Aufnäher abgerissen habe" seiner beziehungsweise Alexanders Barbourjacke „herumzupft". (FL 100) Alles scheint bestens zu laufen, als Nadja sich sogar darauf einlässt, neben dem Erzähler auf der Treppe Platz zu nehmen. Als dieser jedoch genau in diesem Moment beschließt, für beide noch ein Bier aus der Küche zu holen, wird er von Eugen abgefangen und dazu überredet, ihm auf sein Zimmer zu folgen. Von Nadja ist von diesem Augenblick an keine Spur mehr zu sehen.

Als der Erzähler nach der Beinahe-Vergewaltigung[204] durch Eugen panisch im ganzen Haus nach ihr sucht, weil er sich plötzlich „sehr allein auf dieser Party, und sehr bedroht [fühlt]", (FL 104) findet er sie schließlich mit einer Heroinspritze im Knöchel in einer Ecke des Kellers. Neben ihr glaubt er seinen Freund Nigel zu erkennen, „den rechten Arm mit einem Ledergürtel abgebunden", mit „einer kleinen Wunde in seiner Armbeuge", aus der „ein dünner Streifen Blut" (FL 105) rinnt. Auf noch viel extremere Weise als in der zuvor beschriebenen Badezimmer-Szene in Hamburg scheint das wirkliche Geschehen in diesem Keller in Heidelberg einer alptraumhaften Halluzination gewichen zu sein. Plötzlich liegt Nigel, den der Erzähler nach der ihn so schockierenden Gruppensex-Gewalt-Szene nie wieder sehen wollte, direkt vor ihm, scheinbar auch Einfluss auf Nadja ausübend, die im Moment die letzte Person darstellt, die dem Erzähler noch Zuflucht bieten hätte können. Alle Enttäuschung, die dem Ich-Erzähler widerfahren könnte, bündelt sich in diesem Augenblick. Er glaubt daraufhin, „innerlich vollkommen aus[zu]rasten", „völlig den Halt [zu]

203 Bronner (2012): S. 17.

204 So auch die Interpretation von Moritz Baßler (2002): S. 113.

verliere[n]" (FL 105) und kein „Zentrum" mehr zu spüren. Anders ausgedrückt: Sein innerstes Selbst ist für ihn verschwunden.

Bronner erklärt in diesem Zusammenhang als zentrale Problematik des Subjekts „die Vorstellung des *hypokeimenon*, des Mythos eines zugrundeliegenden substantiellen Kerns, den Kracht in Form seiner literarischen Figuren implizit kritisiert".[205] In der abendländischen Philosophie sei an Stellen, an denen das Nichts drohte, immer eine verborgene, alles delegierende Substanz wie Gott, Vernunft oder Sinn *gesetzt* worden. So sei im Zentrum des Ichs die „Vorstellung einer ‚Erfahrung' des innersten Selbst"[206] gedacht worden. Diese sei im Grunde eine Erzählung, in der „Erinnerungsspuren intervenieren",[207] also wiederum eine Art innerste narrative Identität, die es aufrecht zu erhalten gilt. Der Ich-Erzähler schafft das in diesem Moment, in dem er diese riesige Menge schockierender Einbrüche erlebt, nicht mehr. Sein (narratives, von ihm gedachtes, also eigentlich fiktives) Zentrum droht zu zerbrechen.

Wir haben es hier also mit einer Szene zu tun, die par excellence die zerstörende Wirkung von einst sinnstiftenden Sozialmodellen aufzeigt: Beim beständigen Versuch der Konstituierung einer kohärenten Identität entgleitet dem Erzähler aufs Neue, was ihre Selbststiftung eigentlich fördern sollte. Wie schon von Karin, Nigel und Eugen (von dem er anfangs ja auch glaubt, dass er „in Ordnung zu sein scheint" und ja „ein gutes Jackett an[hat]" FL 96) wird er hier auch von Nadja rüde enttäuscht. Sein neben ihr liegender alter Freund, der für sein letztes Trauma verantwortlich war, stärkt die Symbolkraft der Situation. Seine Anwesenheit macht deutlich, dass der Ich-Erzähler auch von anderen Personen, zu denen er Vertrauen aufbaut, nur auf ähnliche Weise vor den Kopf gestoßen werden kann. Wann immer der Ich-Erzähler beginnt, sich auf jemanden näher einzulassen, sorgt ein schockierendes oder beklemmendes Erlebnis dafür, ihn in klaustrophobischer Angst die Flucht ergreifen zu lassen und die aufgebaute Beziehung in Frage stellen zu müssen. Nach jeder zunächst aussichtsreichen Begegnung mit alten ‚Freunden' oder neuen Bekannten ist der Erzähler wieder völlig auf sich alleine gestellt und noch unsicherer in seinem Sein als zuvor.

---

205 Bronner (2012): S. 36.

206 Ebd.

207 Ebd.: S. 37.

Eine besondere Rolle nimmt in diesem Kontext Alexander ein. Mit ihm hat sich der Ich-Erzähler bereits in der Vergangenheit überworfen, nachdem die beiden in ihrer Jugend im Internat Schloss Salem scheinbar unzertrennlich waren und derselben Leidenschaft frönten:

> „Alexander und ich waren in Salem zusammen auf einem Zimmer, und wir haben immer getrunken wie die Löcher, selbst zur Abiturprüfung sind wir betrunken erschienen". (FL 62)

Auch diese Freundschaft scheiterte letztendlich, weil der Erzähler sich betrogen fühlte. Seinen Erzählungen zufolge begann die Entfremdung zwischen ihnen schon während der Zeit nach dem Abitur, in der Alexander „jahrelang [...] nur herumgereist [ist], in der ganzen Welt, [...] auf der Suche nach den Spuren des Liedes *You 're my heart, you 're my soul* von Modern Talking", (FL 68) und dem Erzähler Briefe und Fotos „von irgendwelchen Urlaubsorten" (FL 67) schickte. Diese Briefe „in seiner üblichen, krakeligen, furchtbaren Handschrift" machten dem Erzähler deutlich, „wie verdammt fremd er mir geworden war, weil er mir Dinge schrieb, die ich nicht verstanden habe". (FL 67)

Der ehemalige Freund Alexander, in dem sich der Protagonist selbst erkennen konnte oder zumindest wollte, war plötzlich jemand ganz anderes mit einer von der eigenen sich unterscheidenden Weltsicht geworden. Auf welche Art genau sich diese verändert hat, wird nicht näher erläutert, sondern lässt sich nur erahnen. Auf jeden Fall kann man die erste Enttäuschung hieraus ableiten.

Die zweite ist eindeutig auf Varna, an der Alexander „einen Narren gefressen [hatte]", (FL 72) zurückzuführen. An anderer Stelle wurde bereits beschrieben, wie sich das Verhältnis zwischen ihr und dem Ich-Erzähler gestaltete („Varna war so billig, so vorhersehbar, so liberal-dämlich [...]" FL 73). Aber nicht nur ihre, seiner Meinung nach aufgesetzte, politische Haltung störte ihn immens, sondern vor allem ihre Wirkung auf Alexander. Er hatte wohl das Gefühl, dass sie aus Alexander einen anderen Menschen machte. Einen, der nicht mehr ihm, sondern ihr und ihrer Art ‚Recht' gab. Dass sich Alexander für ein Mädchen interessierte, das er selbst so abstoßend fand, und dass seine Meinung in dieser Sache scheinbar nicht zählte, kränkte ihn offensichtlich zutiefst. Allerdings deutet alles darauf hin, dass daneben auch Eifersucht eine Rolle spielte.

Zudem problematisch ist sicherlich auch die offenbar unterschiedliche Auffassung von ‚freundschaftlicher Beziehung' der beiden zu sehen.

Während der weltoffene Alexander sich gern mit vielen verschiedenen Menschen umgibt und folglich auch den Erzähler als einen Freund unter mehreren betrachtet hat, ist es diesem nicht gelungen, Alexander mit anderen zu ‚teilen'. Liest man *Faserland* als „Problemstudie über ein verpaßtes Coming-out"[208] – was durchaus funktioniert – wird diese Interpretation umso plausibler. Der (nicht wirklich hinreichend begründete) abgründige Hass auf Varna ließe sich damit erklären. Und auch die Begegnung zwischen dem Erzähler und Alexander in der Gegenwart des Romans hat in diesem Sinne besonderes symbolisches Potential: Nachdem der Erzähler im Hotel in Frankfurt „aus Versehen" (FL 74) Alexanders Nummer wählt und völlig aus der Fassung gerät, als er dessen Stimme hört („Ich habe das Gefühl, als ob ich nach hinten kippe. Ich sehe so schwarze und gelbe Dinge, und ich weiß nicht, was es für Dinge sind." FL 75), trifft er später im „Café Eckstein" (FL 78) zufällig auf ihn. Aber anstatt auf den zur Tür hereinkommenden alten Freund zuzugehen, bleibt der Erzähler wie angewurzelt an der Bar stehen und wird so einfach übersehen. Alexander nur mit dem Blick zu verfolgen, erzielt keine Wirkung.

Zweimal geht ein (freilich unzureichender) ‚Annäherungsversuch' also vom Protagonisten aus, wovon Alexander aber nicht das Geringste bemerkt. Das Einzige, wozu der Erzähler danach noch fähig ist, ist der erwähnte Diebstahl der Barbourjacke seines Freundes. Mehr kann er von Alexander nicht bekommen.

Am meisten Emotion wird beim/bei der Leser/in eindeutig durch die Beziehung des Erzählers zu seinem Jugendfreund Rollo erzeugt. Hier wird seine Unfähigkeit, wirkliche Nähe zuzulassen, besonders drastisch verdeutlicht. Rollo tritt sehr überraschend auf, ohne vorher erwähnt zu werden, spielt aber sogleich ein wichtige Rolle: Er ist es, der den Erzähler nach der verstörenden Keller-Szene mit Nigel und Nadja aus seiner Ohnmacht aufweckt, in sein Auto „steckt" und mit ihm von Heidelberg nach München fährt. Zumindest hat es sich so zugetragen, wenn man dem plötzlichen Erinnerungsfunken des unzuverlässigen Erzählers Glauben schenken will:

> „Jetzt, in diesem Moment, fällt mir alles wieder ein: Rollo stand in Heidelberg plötzlich über mir, im Garten dieses Hauses. Er

208 Baßler (2002): S. 113.

war auch auf der Party, und er hat mich herauslaufen und in Ohnmacht fallen sehen, und dann stand er über mir und schlug mir immer wieder ins Gesicht. Er hat mich wachgekriegt, dann hat er mich hochgezogen und in sein Auto gesteckt, und zusammen sind wir nach München gefahren". (FL 107f)

Rollo fungiert also als letzter Retter in der Not. Der Erzähler glaubte sich verloren und spürte durch die auf ihn einbrechende Erfahrung, sich auf niemanden mehr verlassen zu können, kein inneres Zentrum seines Selbst mehr. Durch Rollo wird ihm noch ein letztes Mal vorgemacht, nicht auf sich allein gestellt zu sein und dem Dasein einen Sinn abgewinnen zu können.

Als letzter verbleibender ‚Freund' – wobei Rollo wohl die einzige Nebenfigur ist, die dieser Bezeichnung auch gerecht wird – wird dieser in gleich zwei ihm gewidmeten Kapiteln dementsprechend ausführlich charakterisiert. Seine Kindheit wird reflektiert:

> „Rollo war am Bodensee auf der Waldorfschule. [...] der hat eben mit Kupferstäben hantieren und seinen Namen tänzerisch darstellen müssen als Kind [...] Daher wird sein Knacks kommen". (FL 121f)

Über seine Eltern wird, wie an anderer Stelle schon erwähnt, ebenso nachgedacht:

> „[...] ziemliche Hippies. [...] Rollos Vater ist das Hauptmitglied eines Südindischen Aschrams in der Nähe von Bangalore". (FL 121f)
>
> „[...] und seine Mutter, von der Rollo übrigens nie spricht, ist sicher Alkoholikerin und sitzt den ganzen Tag vor einer Leinwand und malt den Bodensee im Garten der Villa, vor sich eine immer leerer werdende Flasche Pernod". (FL 124)

Ja, sogar über Rollos Urgroßvater sinniert der Erzähler:

> „Sein Urgroßvater war ein hoher Beamter in der dortigen Administration [*von Tsings Tsao, das früher Tschingau hieß*],[209] und vorher war er auf irgendwelchen Inseln im Pazifik, die auch einmal deutsch waren. [...] Ich frage mich, ob er einsam war oder ein Partylöwe, oder vielleicht hat er ganz schlechte

209 Anmerkung von mir.

Gedichte geschrieben, oder er war grausam zu seinen chinesischen Angestellten". (FL 117)

Rollo selbst wird als „ein harter Zyniker", (FL 109) „souverän", (FL 110) jemand, der nur „Thriller von Ken Follet und John le Carré" (FL 117) liest, „der beste Gastgeber der Welt", (FL 118) jemand, der „wenn er sich aufregt oder betrunken ist, [...] spricht [...] wie die Menschen hier unten [*in Meersburg am Bodensee*]",[210] „so eine nette Art [hat]" (FL 124) und „todtraurig ist die ganze Zeit", (FL 144) beschrieben. Es entsteht also eine äußerst vielschichtige Darstellung. Zusammen mit den Schilderungen seiner angeblichen Jugend, die „natürlich alles eher billige Bilder [sind], die ich mir über Rollos Leben ausdenke", (FL 124) zeichnet der Erzähler damit nach Paulokat „das Portrait eines psychisch labilen Jungen",[211] der seit seiner Kindheit kämpft, um mit seinem Leben fertig zu werden.

Die Mutmaßungen und ausgedachten „Bilder" des Erzählers sowie sein plötzliches Interesse an Hintergründen („[...] früher hätte ich, wie gesagt, das alles sehr albern gefunden. Heute aber interessiert es mich." FL 124) weisen darauf hin, dass es um seine Psyche ähnlich steht wie um Rollos. Er beschreibt mit Rollo also gewissermaßen auch sich selbst, was er sonst im gesamten Roman explizit nicht mit einer Silbe macht. Zwar fungieren mit Rauen „alle der drei wichtigen Freunde [als] eine Art Doppelgänger des Erzählers", sind also „ebenso krank, deprimiert und hilfsbedürftig wie dieser",[212] aber Rollo nimmt darin noch einen besonderen Stellenwert ein. Paulokat stellt fest, „[d]ass der Erzähler seit dem Zusammentreffen mit Rollo ständig in der Wir-Form spricht", was zum Eindruck beiträgt, „bei Rollo und dem Erzähler handle es sich im Grunde um ein- und dieselbe Person".[213]

Dieser Anschein wird durch die Art des – förmlich aus dem Nichts – Auftauchens der Figur verstärkt: Der Erzähler stellt am Anfang des sechsten Kapitels erstaunt fest, auf rätselhafte Weise in München gelandet zu sein. „[D]iese Reise" sei „ausgelöscht in meinem Gehirn, einfach nicht mehr da", was ihn die Mutmaßungen anstellen lässt, wohl „[e]inen Zug [...] genommen [zu] haben [...] mit jungen Leuten [...], die zu einem Rave wollten, auf einer Wiese etwas außerhalb von München." (FL 107) Er sitzt

210 Anmerkung von mir.

211 Paulokat (2012): S. 77.

212 Rauen in Birgfeld & Conter (2009): S. 117.

213 Paulokat (2012): S. 78.

„jedenfalls […] auf dieser Wiese“ (wobei er hier noch von sich in der Einzahl spricht) und nimmt die Umgebung unter die Lupe. Erst ganze zwei Absätze später wird Rollo erwähnt, der scheinbar schon die ganze Zeit neben dem Erzähler gesessen und mit ihm zusammen die Menschen beobachtet hätte, was durch die Partikel „also“ verdeutlich wird („Ich sitze also auf der Wiese und Rollo sitzt neben mir“ FL 107). Wie ein unsichtbarer, imaginärer Freund des Erzählers wird die zweitwichtigste Figur des Romans in das Geschehen eingeführt, was die Möglichkeiten der Interpretation (zumindest in diesem speziellen Abschnitt) verdichtet.

Die Vermutung, dass Rollo nur als Teil der Persönlichkeit des Protagonisten, also in dessen Einbildung, existiert, wird allerdings im folgenden Kapitel, wo die erwähnten Details über den Freund der Figur Struktur verleihen, ja, sogar sein Elternhaus als ihn umgebender Raum charakterisierend wirkt, durchkreuzt. Ohne Zweifel aber spiegelt Rollo auch „des Erzählers trauriges, leeres Leben aus einer Außenperspektive, die dieser sich selbst gegenüber nicht einnehmen kann (oder will)“.[214]

Wie gesagt, wird dem Erzähler durch Rollo auch ein letztes Mal das Gefühl gegeben, doch einen guten Freund zu haben. Wieder keimt die Hoffnung auf, nicht allein zu sein und nicht enttäuscht zu werden. Als dem Protagonisten in Rollos Elternhaus unvermittelt wieder das Bild von Nigel „mit der Nadel im Arm, mit den leeren Augen und dem ganz dünnen Blutfaden in der Spritze“ (FL 126) in den Sinn kommt, hilft ihm einerseits der Gin Tonic („[…] wenn man viel trinkt, dann geht das schon wieder weg“ FL 126), andererseits aber auch die Anwesenheit seines Freundes, mit dem er schweigend im Garten sitzt und „diese Stunde, in der das Licht nachläßt und man aufnahmefähiger wird für ganz komische Dinge“ (FL 126) genießt.

Umso dramatischer gestaltet sich der Höhepunkt des Abends, an dem der Erzähler selbst als Freund völlig versagt. Er ahnt schon vorher, dass Rollos konstanter Valium-Konsum („[…] wie er immer ein kleines Viertelchen der Tablette nimmt, aber gar nicht müde wird, sondern lustig und aufgedreht, obwohl er am Tag zwei oder drei ganze Valium nimmt.“ FL 128) und Alkoholismus auf tiefgreifendere Probleme hinweisen könnten. Er denkt, vermutlich von der Sorge um seinen Freund dazu angeregt, sogar

214 Paulokat (2012): S. 78.

über dessen Partygäste nach und kommt zu dem Schluss, dass das „nicht seine Freunde [sind]", eben weil

> „[s]eine Freunde [...] ihm doch sagen [würden], daß er aussieht wie ein Alkoholiker und tablettensüchtig ist. Sie würden sagen, komm Rollo, du mußt jetzt ins Bett, und dann würden sie ihn ins Schlafzimmer bringen und bei ihm sitzen, bis er einschläft. Und wenn er schlecht träumen würde, dann würden sie ihn beruhigen. Freunde würden die ganze Nacht da sitzenbleiben, und danach noch zwei Wochen bei ihm bleiben und jeden Drink, den er sich macht, und jede Valium, jede Lexotanil ihm aus den Händen nehmen, so lange, bis er wieder klar denken könnte". (FL 138f)

Diese sehr ausgeschmückte Vorstellung des Erzählers deutet wiederum darauf hin, dass er mindestens gleichermaßen von Freunden spricht, die er nicht nur Rollo, sondern auch sich selbst wünschen würde. Zynisches Format bekommen diese Aussagen angesichts seines darauffolgenden Verhaltens: Als er Rollo schwankend, sehr betrunken und mit flatternden Augenlidern auf dem Bootssteg vorfindet, fasst er ihn zunächst am Arm und bleibt neben ihm stehen. Als Rollo daraufhin seinen Gefühlen freien Lauf lässt, anfängt, „unkontrolliert zu zittern, und dann [...] richtig [zu heulen]", (FL 145) überfordert die Situation den Erzähler mit einem Male völlig:

> „Ich denke, daß ich das nicht lange ertragen kann, dieses Schluchzen und das Weinen. Es ist einfach zuviel". (FL 145)

Unfähig, seinen eigenen idealisierten Vorstellungen von Freundschaft auch nur ansatzweise gerecht zu werden, ergreift er aufs Neue die Flucht, seinem Freund weismachend, nur ein Getränk zu holen. Damit überlässt er Rollo dem Suizid, was ihm vollends bewusst ist. Als ironische Beigabe stiehlt er noch dessen Porsche, um Deutschland in Richtung Schweiz zu verlassen.

Rauen erklärt dieses radikale „Fehlverhalten" des Erzählers mit „einer gewissen Notwendigkeit",[215] aus der heraus dieser im Romangeschehen handeln muss. Viel früher schon stellt dieser immerhin fest, dass „alles so [passiert], als ob es gar nicht zu verhindern wäre". (FL 63) Das Verhalten

---

215 Rauen in Birgfeld & Conter (2009): S. 118.

resultiere „aus der Schlechtigkeit des Milieus [...], in welchem die Figuren sich bewegen". Diese Schlechtigkeit zwinge „den Erzähler wie seine Freunde dazu, eine Haltung der Verstellung und der emotionalen Teilnahmslosigkeit anzunehmen".[216]

Da der Erzähler nicht einmal dazu fähig ist, für sich selbst eine stabile Persönlichkeit auszubilden, kann er auch keinen anderen Menschen stützen. Er müsste in einem solchen Moment seine schützende kühle Fassade ablegen, sich öffnen und für den anderen da sein, um ihm helfen zu können. Dazu ist er, der auf ständige Verstellung getrimmt ist, wie Rauen richtig feststellt, nicht einmal ansatzweise fähig. Als selbstzerstörend kann man dieses, hier nicht-funktionierende soziale Muster Freundschaft vor allem im Zusammenhang mit dem angedeuteten Tod des Protagonisten im letzten Kapitel interpretieren. Nachdem die letzte der drei wichtigen Freundschaften gescheitert ist, nimmt auch die Suche nach einer sinnvollen Gestaltung des Ichs ein Ende.

3.1.3.5 Der Beruf schafft keine Basis für kohärente Identität

In der vergangenen modernen industriell-kapitalistischen Gesellschaft wurde dem Individuum durch seinen Beruf eine verlässliche ‚Einbettung' ermöglicht. Man definierte sich über das, was man tat. Figuren in postmodernen Pop-Romanen zeichnen sich hingegen in vielen Fällen durch ihr Nichtstun aus, was teilweise die reale Gesellschaft spiegeln mag – zumindest zur Zeit der Hochkonjunktur von Pop-Romanen in den 90er-Jahren.

Auch in *Faserland* wird mit keiner Silbe erwähnt, welche Ausbildung der Ich-Erzähler außer der verbrachten Zeit im Internat Salem (aus dem er „rausgeschmissen wurde", (FL 108) obgleich er zu den Abiturprüfungen noch, zusammen mit Alexander, „betrunken erschienen" (FL 62) ist) absolviert hat, ob er seit seiner Schulzeit überhaupt irgendeiner Beschäftigung nachgegangen ist, oder was er aktuell macht, wenn er nicht gerade auf Deutschlandreise ist. Da seine Charakterisierung sehr schemenhaft und implizit bleibt, lässt sich nur aus Andeutungen, seinen Verhaltensweisen, Besitztümern sowie den Erinnerungsfragmenten erahnen, dass er aus wohlhabendem Hause kommt, es nicht nötig hat, zu

216 Rauen in Birgfeld & Conter (2009): S. 118.

arbeiten, und auch keine wirklichen Interessen hat, die er darin umsetzen könnte.

Das „Musical für Matthias Horx", das er sich „damals" zusammen mit Nigel ausgedacht hat, ist wohl kaum als ernsthafte Idee für eine berufliche Tätigkeit zu sehen:

> „[...] das wir Horxiana! genannt haben, und das wäre dann so eine Mischung aus Starlight Express und Phantom der Oper, nur daß Matthias Horx eben das Phantom wäre und andauernd auf so Rollschuhen rumfahren müßte und nie zur Ruhe käme, weil ihm keine Trends mehr einfielen". (FL 83)

Ein weiteres Indiz für das ‚Nichtstun' des Erzählers lässt sich aus folgendem Ausschnitt herauslesen:

> „Ich habe also einen Flug gebucht, über Amsterdam, ganz früh am Morgen. [...] Ich habe natürlich außer einem kleinen Pappkoffer kein Gepäck dabei gehabt, und deswegen habe ich mich wie ein Flüchtling gefühlt, wie jemand, der einen Haufen Geld veruntreut hat und nun den nächsten Flug nimmt nach Montevideo, nach Dacca [...]. Schon ein bißchen komisch, [...] weil ich ja dann nur nach Mykonos geflogen bin. Aber das mußte ich ja keinem erzählen. Ich glaube, jetzt, wo ich darüber nachdenke, fällt mir ein, warum Alexander so viel herumgereist ist in der Welt. Weil es so glamourös ist, das Herumstreifen an seltsamen Orten, wo einen absolut keiner kennt. Und keiner weiß, was genau man da will. Tourismus ist es ja nicht. Und Geschäftsreisen sind es auch nicht. Es gibt einfach keinen vernünftigen Grund, in Dritt-Welt-Länder zu fliegen, außer man geht einer Beschäftigung nach, die es eigentlich gar nicht mehr gibt: dem Müßiggang". (FL 133)

Zwar ist der Protagonist nicht direkt in ein „Dritt-Welt-Land" geflogen, kann aber dank dieser Reise nach Mykonos nachvollziehen, was Alexander dazu bewogen haben muss, nach dem Abitur die restliche Welt zu erkunden. Auch der Erzähler hat sich „glamourös" gefühlt an diesem „seltsamen Ort", wo keiner wusste, warum er da war. Ihm selbst wird der Grund erst durch die Erinnerung und Reflexion darüber bewusst: Einzig und allein der „Müßiggang" hat ihm den Anstoß gegeben. Laut Wikipedia versteht man darunter entweder „das entspannte und von Pflichten freie

Ausleben“ oder auch „das reine Nichtstun“.[217] In diesem Fall ist wohl beides gemeint: Der Ich-Erzähler hat keinerlei Pflichten, kann alles, was ihm in den Sinn kommt, nach Lust und Laune ausleben, und macht dadurch die meiste Zeit nichts, was der besonderen Rede wert wäre. Allerdings ist er selbst der Meinung, dass es diese „Beschäftigung“ aktuell „gar nicht mehr gibt“, was darauf hindeutet, dass er das ‚Nichtstun‘ nicht für den Normalfall hält und sich für sich selbst insgeheim auch eine sinnvollere ‚Tätigkeit‘ wünscht.

‚Sinnvoll‘ empfand er allem Augenschein nach aber auch seine Schulbildung nicht. Alle wenigen Details, die man als Leser/in darüber erfährt, gehen von der Erinnerung an den ungarischen „Elektro-Arbeitsgruppenleiter“ und Sportlehrer „Herrn Solimosi, der [...] sich so aussprach: Härr Schollmoschi“ aus, an den der Erzähler beim Anblick von Karins Mund, der „sich wie von selbst [bewegt], so, als ob der Mund ein von ihr losgelöstes Wesen wäre“ (FL 141) unwillkürlich denken muss. Auch der ehemalige Lehrer hätte soviel „wirres Zeug“, bestehend aus „nur unzusammenhängende[n] Laute[n]“ geredet, „daß ihn keiner verstand“ (FL 141). Unter seiner Obhut mussten die Schüler einerseits oft drei- oder viermal die offensichtlich sehr ermüdende Strecke zur so genannten „Polenlinde“ („An den Ästen dieser Linde wurden während des Zweiten Weltkriegs zwei polnische Fremdarbeiter aufgehängt“) laufen, andererseits in der „Elektro-Arbeitsgemeinschaft [...] auf Sperrholzbretter[n] richtig funktionierende Schaltkreise bauen“. (FL 142) Die erste Anweisung wurde den Schülern von einem „halbungarischen Jungen“ übersetzt, ohne den „wir nie gewußt [hätten], was wir im Sportunterricht zu tun hatten“, die zweite aber war niemandem wirklich verständlich, da „dieser Junge [...] nicht in der Elektro-Arbeitsgemeinschaft [war]“. (FL 142) Beide den Schülern aufgetragenen Handlungen zeichnen sich im Rückblick durch eine gewisse Sinnlosigkeit aus. Als Motiv für den Dauerlauf projiziert der Erzähler „so eine Art Rache [...] von Herrn Solimosi im Namen aller Slawen an uns Deutschen“ (FL 142) in die Erinnerung hinein; die Elektro-Arbeitsgemeinschaft hätte auch seinem Empfinden nach „nie richtig funktioniert“. (FL 143) Wie ein Symbol für seine nie wirklich geförderten Interessen erscheint der „riesige Haufen nicht funktionierender Schaltkreise auf Sperrholzplatten“ in einem Schrank „[i]rgendwo in Salem“. (FL 143)

---

[217] Vgl. http://de.wikipedia.org/wiki/Müßiggang, abgerufen am 14.03.2013.

Mutmaßen könnte man über ein verstärktes Interesse oder zumindest Wissen des Erzählers am und im Bereich Journalismus. Dass er die Kolumnisten Maxim Biller (FL 113) und Uwe Kopf („oder was auch immer er ist“ FL 114), den (ehemaligen) „Chefredakteur dieser grandiosen Zeitschrift Quick“ (FL 113) sowie Jürgen Fischer, den „Chefredakteur von Tempo oder Wiener oder sowas“ (FL 39) (teilweise persönlich) kennt, lässt auf diesbezügliche Erfahrungen oder wenigstens eine gewisse Neugierde schließen. Auch die Themen Film und Literatur scheinen ihn zu beschäftigen, da er etwa, wie weiter oben schon erwähnt, bei realen Landeanflug-Szenen unwillkürlich an *Triumph des Willens* von Leni Riefenstahl denken muss. Dabei fallen ihm nicht nur andere kanonische Filme wie *Panzerkreuzer Potemkin* ein, was davon zeugt, dass er über ein bestimmtes Wissen darüber verfügt – er stellt auch den technischen Vergleich mit einem neueren Film, *Der Himmel über Berlin*, an. Sein radikales Urteil über den „schrecklich peinlich[en]“ (FL 61) Wim Wenders, mit dem er sich auch schon unterhalten hat, spricht zusätzlich dafür, dass ihm die Materie nicht fremd ist. Ansatzweise kann man das auch in Bezug auf Literatur sagen, da dem Erzähler die Namen Frisch, Hesse und Dürrenmatt ein Begriff sind, auch wenn er deren Bücher „dämlich“ fand, ihm Thomas Mann zu lesen „Spaß gemacht [hat]“, (FL 154) ja er sogar plötzlich die fixe Idee hat, dessen Grab besuchen zu wollen.

All diese möglichen Interessensansätze lassen aber nicht auf einen tatsächlichen Beruf des Protagonisten schließen. Es bleibt auch fraglich, ob ihm eine Tätigkeit beim Ausbilden einer stabilen Identität überhaupt helfen könnte. Ihm ist bewusst, dass er dadurch letztendlich nur den aussichtslosen Versuch unternehmen würde, eine innere Leere auszufüllen, die nicht auszufüllen ist. Rollos Vater fungiert als Beispiel hierfür. Dessen Bestreben, etwas ‚Sinnvolles‘ zu tun, wird ihm – zumindest aus Sicht des Erzählers – letzten Endes zum Verhängnis. In seiner Funktion als Geldgeber eines indischen Aschrams wird er jedes Mal, „wenn er dort unten aufkreuzt, [...] drei Tage und drei Nächte“ (FL 122) lang gefeiert und „kommt [...] natürlich nicht mehr zum Meditieren und Besinnen und In-sich-Gehen oder was man in so einem Aschram eigentlich tun sollte“. (FL 123) Als der Erzähler später feststellt, wie schlecht es um Rollo steht, ist für ihn klar, dass dies mit dieser „innere[n] Leere“, die „in Rollos Familie [liegt]“, zusammenhängt. Sie kommt für ihn daher, „daß alle das Beste wollen und sich dann irgendwo festfahren“. (FL 144) Damit ist einerseits natürlich das Verhalten in sozialen Beziehungen gemeint, in denen man aus Sicht des (bereits stark traumatisierten) Ich-Erzählers ja nie zuviel geben sollte, aber andererseits auch das Bemühen, einer sinnstiftenden Betätigung nachzugehen. Dieses wird nach Empfinden des Erzählers nie wirklich belohnt.

Auch keine der eingehender beschriebenen Nebenfiguren scheint einer fixen Tätigkeit nachzugehen. Am meisten erfährt man diesbezüglich über Nigel, den der Erzähler zwar „schon ziemlich lange [kennt], [...] aber immer noch nicht genau [weiß], was er genau macht". (FL 29) Alles, was er bisher mitbekommen hat, ist, dass Nigel „viel mit Anlageberatern in der Schweiz oder in Hong Kong [telefoniert], die er dann immer anschreit, ob sie wahnsinnig wären oder so ähnlich", (FL 29) also offensichtlich im Investmentbereich ‚arbeitet'. Allerdings wird der kurze Gedanke des Erzählers an diese Frage sogleich wieder verworfen, auch wenn er feststellt:

> „Es interessiert mich auch nicht, aber eigentlich interessiert es mich doch". (FL 29)

Im Grunde ist der Beruf nichts, was er als definierendes Merkmal einer Person einstufen würde. So lenkt er ein und schiebt das kurze Interesse auf die Tatsache, wohl einfach „manchmal ein ziemlich neugieriger Mensch" (FL 29) zu sein.

Auch über Karins ‚Beschäftigung' verliert der Erzähler einen Satz. Sie „studiert BWL in München", (FL 13) wobei der Held skeptisch ist, ob das stimmt:

> „Das erzählt sie wenigstens. Genau kann man sowas ja nicht wissen". (FL 13)

Es liest sich heraus, dass der Erzähler auch deshalb wenig Wert auf die Information legt, was sein Gegenüber beruflich macht, weil er grundsätzlich nicht darauf vertraut, die Wahrheit erzählt zu bekommen. Wie schon weiter oben angesprochen, zieht sich die Angst des Erzählers vor Verstellung durch den gesamten Roman, wobei er selbst ein gekonnter Simulator ist, wie Rauen in seinem Aufsatz feststellt.[218]

---

218 Vgl. Rauen in Birgfeld & Conter (2009): S. 116-130.

Über Alexander erfährt man zwar, dass er ein eigenwilliges Interesse an der Verbreitung der Popmusik (beziehungsweise den Songs von *Modern Talking*) aufbringt und deshalb jahrelang auf Recherchereisen „in der ganzen Welt“ (FL 68) war; als Beruf oder gar Erwerbsarbeit kann dies aber keineswegs bezeichnet werden, da er die finanziellen Mittel dafür aus dem reichen Erbe seiner früh verstorbenen Eltern zog. Auch in seinem Fall trägt also keine Tätigkeit zur genaueren Charakterisierung bei.

Auch wenn der Erzähler über die letzte wichtige Nebenfigur Rollo im Vergleich zu seinen anderen Freunden sehr ausgiebig nachdenkt und sogar dessen Kindheit und Jugend nachzuzeichnen versucht, bleibt dieser für den/die Leser/in rätselhaft. So wird auch nicht erwähnt, ob und welcher Beschäftigung er in München nachgeht, wo er im Nobelviertel Bogenhausen in einer „blöden Acht-Zimmer-Wohnung“ (FL 125) lebt. Besonders in seinem Fall wird deutlich, dass sich die Vorgängergeneration, also die seiner Eltern, noch viel mehr über ihren Beruf definierte als die der jungen Hauptakteure in *Faserland*. Keine der Eltern, mit Ausnahme von Rollos Vater, werden zwar näher beschrieben – es bleibt aber außer Frage, dass die Mittel, um sich das dargestellte Luxusleben leisten zu können, von ihnen kommen.

Sie gehen oder gingen im Gegensatz zu ihren Kindern einem Beruf nach, der sie weitgehend ‚ausfüllte‘. Gestützt wird diese These durch zahlreiche Andeutungen darüber, in der Kindheit von den Eltern vernachlässigt worden zu sein. So erinnert sich der Erzähler etwa an mehreren Stellen wehmütig an eine Bedienstete namens Bina, (FL 121, 125) die ihm offenbar mehr Zeit als seine Eltern widmen konnte, sowie an eine Reise nach Madeira, wo sich der Erzähler einen Tag lang allein beschäftigen sollte, weil sein Vater „irgendwelchen Geschäften nachgehen mußte. Das muß man sich mal vor Augen führen: Geschäfte auf Madeira. Na ja, egal“. (FL 89) Auch die Flugreisen zum Ferienhaus in Italien musste der siebenjährige Erzähler als „Unaccompanied Minor oder so ähnlich“ (FL 51) zubringen. Rollo, der in seinem Elternhaus in Meersburg als erstes von der Köchin, „eine[r] Frau aus den Philippinen“ (FL 125) freudestrahlend begrüßt wird, ist es offensichtlich ähnlich ergangen.

3.1.3.6 Unmöglichkeit zur echten Individualität

In einem Zeitalter, in dem alle Stile und Zeichen schon bis zum Überdruss kombiniert wurden, ist echte Einzigartigkeit für das Individuum zu einer Illusion geworden. Zumindest wird dies in Romanen der Neuen Popliteratur in dieser Radikalität dargestellt. In diesem Sinne fühlen sich Pop-Figuren oft wie lebende Tote in einer gesellschaftlichen Hölle der Simulation, die sich immer weiter wiederholt. Eine eigene, individuelle Identität auszubilden scheint unmöglich.

Auf den Punkt bringt der Ich-Erzähler in *Faserland* diese Problematik in folgendem Abschnitt:

> „Gegenüber ist zwar auch noch ein Bräunungsstudio zu sehen, aber ich denke trotzdem, daß das Hotel ganz gut sein wird, obwohl aus dem Bräunungsstudio immer so Individualisten-Männer herauskommen und auf ihre Motorräder steigen. Alle sind tätowiert, wie ja inzwischen fast jeder in Deutschland. Und alle sind sie schön knackig braun und tragen den Keim des Krebses schon in sich". (FL 86f)

Gerade in Heidelberg angekommen, wo der Erzähler niemanden kennt, bei dem er sich einquartieren könnte, sucht er als erstes nach einem geeigneten Hotel. Seine Wahl fällt spontan auf das „Alt Heidelberg", „obwohl es sicher bessere und teurere Hotels da gibt", (FL 86) mit dem er auf den ersten Blick soweit zufrieden ist – wäre da nicht das Bräunungsstudio gegenüber. Dessen Publikum stellt für den Erzähler den Inbegriff der geheuchelten Individualität dar. Allein der Plural von „Individualist" und das Wort „alle" untergraben die eigentliche Bedeutung von ‚individualistisch' oder auch ‚individuell', was den Zynismus dieser Aussage verdeutlicht. Nach dem Protagonisten glauben und legen besagte Männer Wert darauf, einzigartig zu sein, versuchen dies aber durch die Verwendung der gleichen Attribute wie alle anderen mit derselben Intention. So fallen sie einzeln mit ihren Tätowierungen nicht mehr auf, weil „alle" diese Art von Körperschmuck tragen. Der Erzähler stellt sogar fest, dass sich „inzwischen fast jeder in Deutschland" diesem Trend angepasst hat, der Individualismus also höchstens im Kollektiv gelebt werden kann. Verstärkt wird der Ausdruck von Abscheu durch die erbarmungslose Diagnose des Erzählers, alle würden „den Keim des Krebses" schon in sich tragen. Das Schwimmen mit dem Strom führt also geradewegs in die Verdammnis.

Eine weitere, etwas längere Textstelle, die die Unmöglichkeit zur Ausbildung von Individualität verdeutlicht, ist meines Erachtens diese:

> „Da hat er [*Rollo*][219] dann, mit achtzehn, nachdem er zwischen vierzehn und achtzehn der größte Mod des Bodensees war, den Bombast-Rock seiner Jugend wiederentdeckt. Das Mod-Sein hat er schnell wieder verworfen, obwohl hinten auf seinem Auto immer noch ein großer The Kids are alright-Aufkleber pappte. Also, er parkte seinen Käfer, rauchte, und das Lied *Nights in White Satin* von Moody Blues wurde immer und immer wieder auf dem Kassettenrecorder zurückgespult. Dabei hat er sich dann mit der Zigarette immer absichtlich Löcher in den Arm gebrannt.
> Das klingt jetzt alles so wehmütig, nach verlorener Jugend und so. Normalerweise finde ich diesen ganzen Hippie-Kram ja auch furchtbar ermüdend, aber bei Rollo eben nicht". (FL 124)

Hier wird erstens an der Figur Rollo aufgezeigt, wie postmoderne Identitätsbildung mithilfe von Ready Mades, die über einen kurzen Zeitraum übernommen werden, aussehen kann. Rollo hat in seiner Jugend erst auf das Modell des „Mod"[220] zurückgegriffen, das ihm in den Medien angeboten wurde. Wie der Erzähler treffend ausdrückt, hat er dieses „Sein" wieder „verworfen", um sich einem anderen Muster zuzuwenden. Ein besonderes Musik-Genre beziehungsweise ein bestimmtes Lied drückte für ihn die empfundene Stimmung in seinem Leben aus. Um sich seiner selbst noch bewusster zu werden, um sich zu spüren, fügte er sich Verletzungen zu. Wahrscheinlich gehört dieses Verhalten auch zum angebotenen Bild

---

219 Anmerkung von mir.

220 Darunter versteht man die Anhänger einer dandyhaften Jugend-Subkultur, die sich in den 1960er-Jahren in Großbritannien entwickelte. Zu dieser Zeit war sie am ausgeprägtesten, lebte aber zu mehreren Zeiten in verschiedensten europäischen Städten wieder auf. Der Mod-Stil als definierendes Charakteristikum zeichnet sich durch Vintage, maßgeschneiderte Kleidung mit großflächigen, farbenfrohen Mustern, schmalen Schnitten sowie (Marken-)Dreiteiler-Anzügen im Stil der 60er aus. Das bevorzugte Musik-Genre variiert sowohl zwischen Old School Ska, Soul und R&B als auch zwischen New Wave, Britpop und Alternative Rock. Ein weiteres Charakteristikum ist ihr bevorzugtes Transportmittel: ein italienischer Motorroller, meist im Retro-Stil. Im Gegensatz zu andern sozialen Subgruppen gibt es allerdings keine spezifische Mod-Ideologie oder -Philosophie. (vgl. www.urbandictionary.com/define.php?term=mod, abgerufen am 10.03.2013)

des typischen ‚Bombast-Rock-Konsumenten', das Rollo als Identitätsentwurf auf sich projizierte. Die ständige Wiederholung von schon bekannten Stilen wird auch angesprochen, da Rollo diese Art von Musik „wiederentdeckt", sich also schon zum zweiten Mal dieses medialen Ready Mades bedient.

Zweitens zeugt das anschließende ‚Urteil' des Erzählers davon, wie tief die Problematik hier geht. Er fasst die eben beschriebenen Handlungen des jugendlichen Rollo mit einer wohlbekannten Floskel („verlorene Jugend"), also wieder einem Musterbild, zusammen. Dann geht er noch weiter und bündelt sämtliches erwähnte Modellverhalten mit dem Überbegriff „Hippie-Kram". „Eigentlich" würde er dieses Durchspielen einer bereits so geläufigen Attitüde als „ermüdend" – weil schon so oft kopiert – empfinden, bei seinem Freund aber nicht. Es gelingt ihm, zumindest ein wenig Verständnis für dessen durchaus *individuelle* Traurigkeit aufzubringen.

Auch die schon erwähnte Eigenart Nigels, am liebsten T-Shirts mit dem Namen bekannter Firmen zu tragen, weist auf den Wunsch hin, sich nicht als ‚Kopie eines schon vorhandenen Stils' zu präsentieren. Es sei, wie er dem Erzähler erklärt, „die größte aller Provokationen", weil man damit „einfach alle" (FL 31) provozieren könnte. „Alle" seien zum Beispiel „Linke, Nazis, Ökos, Intellektuelle, Busfahrer". (FL 31) Es wird deutlich, wie stark schubladisierend die Figuren in *Faserland* andere Menschen betrachten. Nach ihnen lässt sich scheinbar jedem eine bestimmte, schon dagewesene Zeichenkombination zuordnen. Dabei achten sie penibel darauf, sich selbst davon auszunehmen.

Vor allem der Erzähler urteilt mehr als vorschnell über die (ihm bekannten wie unbekannten) Personen in seinem Umfeld, was einen Großteil der Romanhandlung ausmacht, kann sich selbst aber nicht angemessen definieren. Zu groß ist die unbewusste Angst, ebensowenig individuell zu sein und auch nur eine vorgegebene Schablone auszufüllen. Letztendlich gelingt ihm vermeintliche Individualität nur „im stilistischen Triumph über die Masse", wie Stefanie Kraus feststellt. Dabei entgeht ihm, dass auch er in einem Kollektiv „Gleichgestylter und -gesinnter" verschwindet, in dem „jeder narzisstisch auf sich selbst zeigt".[221]

221 Kraus (2003): S. 50.

3.1.3.7 Grenzerfahrungen

Im Gegensatz zur Jahrgänge ihrer Eltern und Großeltern kann (beziehungsweise konnte) sich die Generation Golf im Allgemeinen in ihrer bürgerlichen Existenz sicher wiegen. Keinerlei Kampf, Anstrengung oder Fleiß sind und waren dafür notwendig. Als Resultat daraus wird in Romanen der Neuen Popliteratur nach Degler und Paulokat ein Gefühl des Realitätsverlustes der Figuren thematisiert.[222] Diesem kann nur durch extreme Einbrüche und Grenzerfahrungen Abhilfe verschafft werden, was ein dementsprechendes Suchtverhalten erklärt.

Auch in *Faserland* finden sich zahlreiche Beispiele, die solche Versuche der Figuren zeigen, sich ihrer eigenen Identität, ihres Daseins, bewusst(er) zu werden. Im vorigen Abschnitt wurde bereits auf Rollo verwiesen, der sich als Jugendlicher selbst verletzte, offenbar, um seine Einsamkeit und das Gefühl, vernachlässigt zu werden, zu kompensieren. In der Romangegenwart greift er auf Valium und Alkohol zurück, um der Grenze näherzukommen, die er letztendlich durch seinen Suizid überschreitet.

Auch der Erzähler trinkt zu jeder sich bietenden Gelegenheit ein Gläschen: zusammen mit seinen Freunden am Strand, in trauter Zweisamkeit mit Karin, im Zug, im Flugzeug, auf Partys sowieso, im Garten mit Rollo und auch in einem Café in Zürich mitten am Nachmittag. Man kann also zweifelsfrei von Alkoholismus sprechen, den er scheinbar seit Jahren so betreibt, zumal er schon in seiner Schulzeit zusammen mit Alexander viel getrunken hat, ja sogar betrunken zum Abitur erschienen ist. Er ist sich dessen auch bewusst:

> „Deswegen streiche ich mir mit der Hand die Haare aus der Stirn und schwanke so ein bißchen herum, damit sie denken, ich wäre Alkoholiker, was ich ja eigentlich auch bin". (FL 131)

Noch drastischer erscheint dies in Anbetracht der Tatsache, dass der Erzähler kaum je Nahrung zu sich nimmt („ich [mache] mir ja nichts aus Essen" FL 147), dafür aber ununterbrochen raucht. Auf seiner Reise durch Deutschland isst er gerade mal die „Scampis" mit Knoblauchsauce auf Sylt, (FL 14f) zwei „Joghurts von Ehrmann" am Hamburger Flughafen (FL 53) und „eins von den grünen Gummitieren, die Rollo bei Hannah hat mitgehen lassen", in München. (FL 116) Erst in der befreienden Schweiz, wo sogar „die Straßen [...] so sauber und appetitlich sind" und der

[222] Vgl. Degler & Paulokat (2008): S. 97.

Erzähler plötzlich „das Gefühl [hat], ständig hungrig zu sein", (FL 147) frühstückt er regelmäßig, scheint also plötzlich wieder menschliche Grundbedürfnisse zu verspüren.

Bronner sieht nach Gilles Deleuze im ausschweifenden Alkoholkonsum des Protagonisten eine von mehreren Möglichkeiten, „die unpersönliche Dimension des Todes mit der persönlichen zusammenzuführen, das ganz persönliche Schicksal mit dem über-persönlichen zu vereinen".[223] Er erklärt dies in weiterer Folge mit „eine[r] Art Annehmen seines Schicksals, das sich im Alkoholismus und seinen Auswirkungen radikal zeigt". Der Alkoholiker fordere sein Schicksal förmlich heraus, „er *wählt* den Tod [...], wohingegen der Gesundheitsfanatiker eines Tages ganz unvermittelt getroffen wird, in einem schicksalhaften Punkt die beiden Linien zusammenführt".[224]

Mit anderen Worten: Der Alkoholsüchtige handelt so, als hätte er nichts zu verlieren. Genau so lässt sich auch die dargestellte Lebenseinstellung des Ich-Erzählers beschreiben: Er kann sich an seiner Existenz nicht erfreuen und es wäre ihm gleichgültig, wenn diese beendet würde. So, als wäre er nicht nur namen-, sondern auch körperlos, agiert er völlig ohne Acht darauf. Er verspürt selbst nach zwei Tagen ohne Essen keinen Hunger („Ich habe aber auch überhaupt keinen Hunger, wirklich wahr." FL 95), so gut wie nie Müdigkeit, und er trinkt nie um des Durstes willen etwas. Erst in der Schweiz kann er Bedürfnisse wahrnehmen, mit seinem Körper erfolgreich kommunizieren. Seine Körperlichkeit plötzlich wieder ohne Hilfsmittel zu spüren, kann als weiteres Zeichen eines ‚Nahen der Grenze' – des Todes – gewertet werden.

In den Kapiteln zuvor trägt der Protagonist seinen Körper noch wie eine leere Hülle von Ort zu Ort. In diesem Sinne ist sein Alkoholismus eine Art panischer Hilfeschrei, wie „der tragische Versuch des Menschen, seine eigene Gegenwart zu verhärten".[225] Das heißt einerseits, dass diese für ihn für den Moment seines Rauschs stillsteht, bewältigbar wird, weil er sich davon distanzieren kann. In einer Art weichen Zentrums kann er völlig in sich gehen, sich seiner selbst (vermeintlich) bewusst werden, ohne zwanghaft versuchen zu müssen, sich in die ihn umgebende Wirklichkeit

223 Bronner (2012): S. 139.

224 Ebd.: S. 140.

225 Ebd.

einzupassen.[226] So kann der Alkoholgenuss als dieselbe Art Fluchtbewegung wie das ständige assoziative Erinnern betrachtet werden, keineswegs aber als reine Betäubung. Der Erzähler trinkt schließlich, um sich seiner selbst bewusster zu werden.

Der Wunsch, an Grenzen zu stoßen und die Gegenwart einfrieren zu lassen, gibt dem Protagonisten wohl auch den Anstoß, die Pille zu schlucken, die ihm Nigel auf der Party in Hamburg „in die Hand drückt". (FL 41) Obwohl er „Drogen" (zu denen er Alkohol und Nikotin augenscheinlich nicht zählt) „im Grunde [...] absolut widerlich" (FL 41f) findet, denkt er sich in diesem Augenblick: „Na ja, ich kann das ja mal versuchen". (FL 41)

Zweifelsfrei ist der Grund für seine spontane Entscheidung in der Situation unmittelbar zuvor zu finden: Es vereinen sich darin alle großen Ängste des Erzählers. Er hat Nigel nicht nur in Gesellschaft eines schwarzen Models entdeckt, das „verdammt gut aus[sieht], [...] richtig IA", sondern auch mit einem „blöde[n] Ziegenbart" an seiner Seite, „der übrigens ziemlich häßlich ist" und zu allem Überfluss anfängt, „zu kichern, so ein tuntiges, völliges unkontrolliertes Kichern, das wahnsinnig unecht klingt". (FL 41) Als er sich, auf ein Winken Nigels hin, den dreien, die „sich im Arm [halten]", (FL 41) wohl oder übel nähern muss, nimmt Nigel seine Hand. Dem irritierten Erzähler kommt das „irgendwie komisch vor, so als ob er dazu kein Recht hätte". (FL 41) Im nächsten Moment „fängt das Model an, mir über den Nacken zu streicheln", was dem Erzähler „einerseits [...] Spaß [macht]", ihm andererseits aber „nur wie gespielt vorkommt". (FL 41)

In dieser Szene muss sich der Protagonist erstens dem Gedanken stellen, dass sein Freund homosexuelle Neigungen haben könnte. Seine ausgeprägte Homophobie, sehr wahrscheinlich ausgelöst durch die eigene verdrängte (Bi- oder) Homosexualität,[227] wird hier zum ersten Mal deutlich, da er dem „blöde[n] Ziegenbart" von Beginn an allein wegen dessen „tuntigen" (FL 41) Habitus' unbegründeten Hass entgegenbringt. Zweitens kommt ihm Nigel ungewohnt nah, womit er, wie schon ausführlich thematisiert, generell nicht umgehen kann und was ihm, vielleicht auch aus Eifersucht gegenüber dem „Ziegenbart", unpassend erscheint. Drittens,

---

226 Vgl. Bronner (2012): S. 141ff.

227 Vgl. dazu die Interpretation von Baßler (2003).

und das ist bestimmt seine größte Angst, hat es der Protagonist hier mit unzähligen Gesten zu tun, die ihm „wie gespielt“ und „unecht“ erscheinen. Über der gesamten skurrilen Situation liegt der Schleier der Verstellung. Das Kichern des „Ziegenbartes“ klingt „wahnsinnig unecht“, Nigels Anstalten der körperlichen Annäherung kommen zu plötzlich und in einem viel zu öffentlichen Moment, um ernst gemeint zu sein, und auch das Model agiert zu übertrieben sowie auf eine eigenartige ‚über-intime‘ Art.

Diese Verbindung von zuviel Nähe, angedeuteter Homoerotik und aufgesetzten Gebärden lösen im Erzähler stärker denn je das Gefühl aus, völlig fehl am Platz zu sein. Auch wenn er „langsam [...] richtig betrunken“ (FL 41) wird, zögert er auf diese Eindrücke hin nicht, dazu noch die Droge in Pillenform zu nehmen. Wenig später spürt er auch schon ihre Wirkung:

> „[...] plötzliche denke ich völlig klar und nicht so dumpf betrunkene Gedanken, sondern, ich kann das nicht anders beschreiben: klar und warm und wässrig. Mir ist das auch egal, ob jemand mich beobachtet“. (FL 43f)

Der Erzähler versinkt in einem für ihn absolut angenehmen Augenblick, ist völlig losgelöst von der Gegenwart. Er ist plötzlich in Einklang mit sich und macht sich keine Gedanken mehr darüber, wie er auf andere wirkt, ob er überhaupt wahrgenommen wird oder nicht. Wie Bronner es nach Deleuze beschreibt, hat er hier das „weiche[ ] Zentrum des anderen Augenblicks“[228] erreicht. Dadurch kann er sich von seinen Ängsten und Unsicherheiten entfernen und hat das Gefühl, empfänglich für das Wesentliche zu sein.

Auch die Reise allgemein, die einer intentionalen Bewegung folgt, deutet auf den Wunsch des Erzählers hin, sich treiben zu lassen und sämtliche Kontrolle abzulegen. Dieses Verhalten kann ebenso mit der Absicht, an Grenzen zu stoßen, verbunden werden.

Zuletzt ist natürlich auch die einzige im Roman vorkommende Darstellung von Geschlechtsverkehr als Beispiel für exzessive Bewusstwerdung zu nennen. Der krude Sex, der von Nigel und seinen Partybekanntschaften

---

228 Deleuze (1993): S. 197 zitiert nach Bronner (2012): S. 141.

praktiziert wird, zeigt, wie nah Lust und Selbstzerstörung in diesem Kampf um – letztendlich spürbare *Identität* – beieinander liegen.

3.1.3.8 Auseinanderdriften des subjektiven ‚Innens' und gesellschaftlichen ‚Außens'

Keupp definiert Identität, wie bereits umfassend thematisiert, als Passungsprozess zwischen dem subjektiven ‚Innen' eines Individuums und dem gesellschaftlichen ‚Außen', das es umgibt. Identität bildet also eine Art Scharnier zwischen innerer und äußerer Welt. Je weiter diese beiden zu verbindenden Welten aber auseinanderklaffen, desto schwieriger wird es, so ein Scharnier zu setzen. In postmodernen Räumen, wie sie in Romanen der Neuen Popliteratur dargestellt werden, erscheint diese Schwierigkeit für das Subjekt oft unbewältigbar.

Auch in *Faserland* liegt eine große Distanz zwischen dem Ich-Erzähler und der Welt, in der er sich bewegt, vor. Dies wird vor allem dadurch deutlich, dass er sich die meiste Zeit wie ein Fremdkörper in seiner Umgebung fühlt. Er zeigt durchwegs eine höchst passive und gleichgültige Haltung, interessiert sich für nichts, das ihm von seinen Freund/innen oder Wegbekanntschaften erzählt wird (wobei die Geschichten von Rollo eine Ausnahme darstellen), schafft es niemals, wirklich zuzuhören oder sich selbst so auszudrücken, dass er verstanden wird. Oft scheint er das Bedürfnis zu haben, sich mitzuteilen, unterlässt dies aber dann aus Angst, auf Desinteresse zu stoßen:

> „Ich will mit Rollo darüber reden, aber ich glaube nicht, daß er sich dafür interessiert, und deswegen sage ich nichts". (FL 112)

Durch die weithin scheiternde Kommunikation wird eine wichtige Verbindungslinie zwischen dem Selbst und dem Außen also schon blockiert.

Des Weiteren fühlt er sich oft ausgegrenzt oder grenzt sich selbst bewusst aus. Auf der Party in Hamburg fühlt er sich von Nigel gleich nach ihrer Ankunft links liegen gelassen und ist nicht fähig, sich eigenständig in dessen Gespräch mit einem Partygast einzubringen:

> „Nigel jedenfalls steuert direkt auf einen dicken Mann zu, [...] und ich stehe ziemlich dumm daneben, weil die beiden sofort

> anfangen, über irgendwelche Filme zu reden, [...] und Nigel macht auch keine Anstalten mich vorzustellen, also laufe ich in die Küche, und da steht tatsächlich Anne, die gestern noch auf Sylt war, und sie redet mit Jürgen Fischer, der ist Chefredakteur von Tempo oder Wiener oder sowas. [...] Wenn die beiden mich gesehen haben sollten, lassen sie es sich jedenfalls nicht anmerken". (FL 39f)

Auf die Enttäuschung hin, weder von seinem Freund noch dessen Gesprächspartner beachtet zu werden, flüchtet der Protagonist in die Küche, um sich Alkohol zu besorgen. Dort widerfährt ihm allerdings Ähnliches: Anne, die mit dem Erzähler, Karin und Sergio am Tag zuvor noch Champagner am Strand in Sylt trank, würdigt ihn keines Blickes beziehungsweise scheint ihn einfach zu übersehen.

Dieses Muster wiederholt sich an mehreren Stellen des Romans: Im „Café Eckstein" in Frankfurt, das der Erzähler wohl aus dem inneren Drang heraus, Alexander doch sehen zu wollen, besucht, bemerkt ihn dieser einfach nicht:

> „Er sieht mich überhaupt nicht, das muß man sich mal vorstellen. Er geht einfach an mir vorbei, obwohl ich direkt an der Bar auf dem blöden Barhocker sitze und ihn anstarre. Alexander geht durch das Eckstein, und ich verfolge ihn mit meinem Blick. Vielleicht sieht er es ja, denke ich, vielleicht sieht er es, wenn ich ihn ansehe. Vielleicht habe ich mich so verändert, daß er mich nicht erkennt, vielleicht liegt es daran. Aber er dreht sich nicht um, wirklich nicht". (FL 80f)

Obwohl er sich für seine Verhältnisse sehr bemüht, den Kontakt zu seinem alten Freund herzustellen, verbleibt der Erzähler abermals in der Rolle des bloßen Beobachters. Als ob er gar nicht anwesend wäre, spielt sich die Welt vor seinen Augen ab, ohne dass er daran teilhaben könnte. Der Vergleich mit dem vier Jahre zuvor erschienenen Roman *American Psycho* von Bret Easton Ellis drängt sich hier auf, in dem es der Hauptfigur, ebenfalls auf der vergeblichen Suche nach Identität, ähnlich ergeht. Ständig bleibt sie unbemerkt oder wird sogar über längere Zeiträume hinweg mit anderen Personen verwechselt. Dadurch kann der Verdacht aufkommen, dass die Protagonisten beider Werke die Geschehnisse gar nicht real erleben, sondern sich, zumindest zum Teil, nur einbilden.

Wie die beschriebene Begegnung mit Alexander und dessen Reaktion vom Erzähler erlebt wird, lässt sich insofern noch nachvollziehen, als er offensichtlich in einem Bereich des Raums sitzt, dem Alexander den Rücken zugekehrt hat. Anders verhält es sich in der folgenden, schon bekannten Szene:

> „In der Ecke des Kellers, neben einer Kiste mit Weinflaschen, liegt Nadja. [...] Neben ihr liegt Nigel. [...] Das glaube ich einfach nicht. [...] Nigel, rufe ich. Scheiße. Nigel. Er antwortet nicht. Ich frage ihn, ob er mich denn verdammt nochmal nicht kennt. Und er sagt, das sagt er wirklich: Sollten wir uns denn kennen?“ (FL 105)

Blieb der Erzähler bei Anne noch konsequent in der Beobachterrolle und war sein Versuch, von Alexander bemerkt zu werden, sehr schwerfällig, konfrontiert er Nigel oder die Person, die er für Nigel hält, hier von Angesicht zu Angesicht mit seiner Gegenwart. Dass ihn sein Gegenüber trotzdem nicht erkennt, scheint der endgültige Beweis dafür zu sein, alles in Frage stellen zu müssen, was der Protagonist wahrnimmt. Zwar kann man seine besonders fragwürdigen Beobachtungen meist auch mit erhöhtem Alkoholkonsum in Verbindung bringen, aber dies als alleinigen Auslöser zu betrachten, würde der Tiefe des Textes und der Figurenkonzeption nicht gerecht werden.

Insgesamt lässt sich eine merkliche Steigerung der Intensität solcher beschriebenen Situationen feststellen. Im Laufe des Romans driften das Erzähler-Ich und die Außenwelt also immer noch weiter auseinander. Man kann dies auch als zunehmendes ‚Verschwinden‘ der Figur werten. Sie fühlt sich zunehmend fehl am Platz und keiner Gruppe mehr zugehörig. Die Begegnung mit Rollo kann als letzter illusorischer Versuch gesehen werden, sich doch mit jemandem identifizieren zu können und bestätigt zu fühlen. Genauso erscheint die Schweiz als utopischer Ort, als „Lösung für alles“, (FL 151) wo der Erzähler sein Sein endlich genießen, sich im Außen ‚einpassen‘ kann. Tragischerweise erweisen sich beide Hoffnungsträger nur als eine Art letztes Aufbäumen vor dem endgültigen Zerfall.

3.1.3.9 Wechsel von Identifikation zu Identifikation ohne befriedigendes Ergebnis

Postmoderne Identität ist nicht nur als Prozess, sondern im Plural zu verstehen, setzt sich also wie ein ‚Patchwork' aus verschiedenen Teilen zusammen. Diese Teile können aus angenommenen Identifikationen bestehen, die vielgestaltig und widersprüchlich sind, nebeneinander existieren oder sich abwechseln. In der Neuen Popliteratur wird oft das Problem thematisiert, die Vielzahl an Identifikationsangeboten bewältigen zu können, ohne sich damit eine unbefriedigende Schein-Identität aufzubauen, die im Zentrum leer ist.

Auch *Faserland* führt diese Problematik vor Augen. Der Erzähler hat die Möglichkeit, aus einer Unmenge von vorgegebenen Rollenmustern Bestandteile für seine Identitätsausbildung zu wählen, macht davon aber letztendlich keinen längerfristigen Gebrauch. Wie Bronner richtig feststellt,

> „begegnet der Romanheld den unterschiedlichsten Menschen und Lebenskonzepten, die er jedoch allesamt verwirft. Er berichtet von Anwälten, Werbern, Studenten, Taxifahrern und vielen anderen. Identitätsnarrative finden sich vielerorts und stellen sich doch immer letztlich als lächerlich und unbefriedigend heraus".[229]

Hinzuzufügen sind politische und ideologische Konzepte wie „Linke, Öko, Rechtsradikale etc.", die Bronner als „sogenannte ‚stabile' Identifizierungsangebote" bezeichnet, die „sich im Sinne Lacans auf das Begehren des Anderen aus[richten]".[230] Diese müssten spätestens, wenn sich die (beispielsweise sozialen) Verhältnisse ändern, als Konstruktion modifiziert werden. Dies bedeute, dass „wir [...] in unseren Möglichkeiten zur Identitätsfindung also ständigen Veränderungen unterworfen [sind]".[231]

Sich davon distanzierend, verbleibt der Erzähler in einer statischen ‚Anti-Haltung' allem gegenüber: Er lehnt „sowohl ein Moment des Widerstandes gegen das westliche, individualistisch geprägte Lebensmodell, als auch dessen Akzeptanz oder gar persönliche Anpassung"[232] ab. Besonders deutlich wird dies am erwähnten Beispiel von Rollos Vater, der sich vom

229 Bronner (2012): S. 119.

230 Ebd.: S. 71.

231 Ebd.

232 Ebd.

westlichen Leben abwendet, um einen spirituellen, wohltätigen Weg einzuschlagen, den verabscheuten „Individualisten-Männer[n]“ (FL 86) oder sämtlichen systemtreuen Bankern und Werbern, denen der Erzähler begegnet.

Er hat also keine Schwierigkeiten damit, anderen feste Identitäten zuzuschreiben, ja, er ordnet *alle* Personen, denen er begegnet oder die er beobachtet, sofort höchst voreingenommen in die Kategorien seines Weltbildes ein. Für sich selbst kann und will er aber keines der vorhandenen Modelle auswählen, denn „[n]ichts scheint zu passen, alles wirkt stupide“.[233] Keines befriedigt ihn wirklich, weil er damit Stellung beziehen müsste, wozu er nicht fähig ist. Im gesamten Roman spricht er über die ihn umgebende Welt nur im negativen Sinn oder „Modus der Frage“[234] – keinesfalls könnte er sich bewusst darin eingliedern.

Einzig die drei wichtigen Freunde des Ich-Erzählers üben zeitweilig eine Vorbildwirkung auf ihn aus, wirken also als Identifikationsmodelle. Jeder von ihnen fungiert nicht nur als Doppelgänger, sondern auch als temporäres Idealbild von zumindest einem Teil des Protagonisten-Ichs.

Nigel etwa hat (oder hatte womöglich schon vorher) eine „ziemlich ähnliche Frisur[ ]“ (FL 31) wie der Erzähler und kann im Gegensatz zu diesem sowohl „gut zuhören“ (FL 34) als auch geduldig erklären:

> „[...] und er schaut einen dann ganz genau an, wenn er zuhört, meine ich, und man hat das Gefühl, als ob das, was man sagt, ihn wirklich und ernsthaft interessiert. Nicht viele Menschen können einem dieses Gefühl geben. Oft erzählt oder erklärt er irgendwas, und ich oder jemand anderes versteht es dann nicht, weil Nigel manchmal etwas abstruse Theorien hat, aber anstatt sich dann darüber lustig zu machen, daß man es nicht versteht, erklärt er es noch einmal, ganz ruhig, so als ob er nur Geduld haben müßte, dann würden ihn die Menschen schon verstehen. Nigel ist der am wenigsten eingebildete Mensch, den ich kenne, obwohl er ja Grund genug hätte, sich was einzubilden“. (FL 34f)

Hier wird Nigel noch als beinah fehlerloser Mensch beschrieben, den der Erzähler offenbar in vielen Belangen als beispielhaft einstuft. Diese Ein-

---

233 Bronner (2012): S. 119.

234 Ebd.

schätzung wandelt sich im Laufe des Abends allerdings schnell („Vielleicht mag der Nigel Partys so gerne, weil er im Grunde ein asozialer Mensch ist, [...] irgendwie ist er nicht kommunikationsfähig“ FL 36) und wird absolut ins Gegenteil verkehrt, als der Erzähler seinen Freund inmitten der Sex-Orgie erwischt – womit das Identifikationsmodell ‚Nigel‘ verworfen wird.

Auch Alexander taucht schon auf eben dieser Party in Hamburg in der Gedankenwelt des Erzählers auf, und zwar mit einer Eigenschaft, die er an diesem bewundert:

> „Während wir vorbeigehen, [...] sehe ich [...], wie eins der Mädchen die Augen nach oben verdreht, und obwohl mir sowas normalerweise nichts ausmacht, bin ich doch etwas gekränkt. Ich muß an Alexander denken, das ist ein anderer Freund von mir, der wohnt in Frankfurt, und daß den eigentlich gar nichts kränkt“. (FL 38)

Auch der Erzähler wünscht sich insgeheim mehr Selbstvertrauen, wäre in dieser Hinsicht gern so wie Alexander. Obwohl er mit diesem in der Romangegenwart nicht in persönlichen Kontakt tritt, erfährt man aus den ausgiebigen Reflexionen über ihn, dass er zumindest in der Vergangenheit Vorbild und Identifikationsfigur für den Erzähler war:

> „Der Alexander hat immer rumkrakeelt, bei jeder Gelegenheit. Der war, ich sag das jetzt mal so, damit man ihn unvoreingenommen versteht, der größte Hasser aller Zeiten. Komischerweise hat das immer sehr auf Frauen gewirkt, diese vollkommen Anti-Haltung, und Alexander hätte zu jeder Tages- und Nachtzeit mit einer Holzlatte um sich schlagen können und mit einem Schlag fünf bis sechs Mädchen erledigen können, so waren die hinter ihm her. Außerdem war er noch gut angezogen“. (FL 68)

Obwohl nicht eindeutig hervorgeht, ob sich der Protagonist eine ebensolche Wirkung auf Frauen wünscht oder gewünscht hat, ist herauszulesen, wie viel Eindruck die Art seines Freundes zumindest früher auf ihn gemacht hat. Immerhin verhält sich in der beschriebenen Gegenwart auch der Erzähler wie der ultimative „Hasser“ und legt großen Wert darauf, „gut angezogen“ zu sein. Im Gegensatz dazu wirkt der aktuelle Alexander, der im Café „Eckstein“ auftaucht, schäbig angezogen und scheint nicht mehr besonders auf sein Äußeres bedacht zu sein:

„Er trägt eine völlig verwarzte grüne Barbourjacke mit einem Eintracht Frankfurt-Aufnäher dran und hat fettige, schulterlange blonde Haare, die beim Gehen hin und her wippen". (FL 80)

Auch das Identifikationsmodell, das Alexander anbietet, wird also verworfen und zwar nicht erst in der beschriebenen Gegenwart. Schon dessen Ansatz, im Reisen auf der Suche nach den Spuren der Pop-Musik einen Sinn zu finden, befremdete den Erzähler.

Zuletzt erscheint Rollo als mögliche Identifikationsfigur. Auch seine Art wird zunächst als beispielhaft beschrieben:

> „Ich habe auf dem Beifahrersitz die ganze Zeit geschlafen, Rollo muß derweil wie ein Irrer über die Autobahn gerast sein, weil es noch nicht viel später ist. Ich glaube fast, er hat mich vor irgend etwas gerettet, [...] und dann erzählt er mir von seiner Party, [...] Mir ist das sofort peinlich, weil ich nichts davon gewußt habe, daß er Geburtstag hat, meine ich. [...] Aber Rollo wäre nicht Rollo, nicht der beste Gastgeber der Welt, würde er jetzt nicht eine Million Beschwichtigungssätze loslassen und sagen, nein, es ist schon alles in Ordnung, ich freue mich sehr, daß du dabei sein kannst [...]" (FL 108, 118)

Der vom Erzähler idealisierten Vorstellung von Freundschaft kommt Rollos Verhalten sicherlich am nächsten. Allerdings hält auch hier der positive Eindruck nicht lange an: Kaum sind die beiden zusammen in Rollos Elternhaus angekommen, mutiert dieser zu einer traumatisierten, Mitleid erregenden Figur, die selbst nicht weiß, wer sie eigentlich ist und wie sie ihre große innere Leere noch ausfüllen kann. Wie der Erzähler wählt Rollo angesichts seiner Halt- und Identitätslosigkeit schließlich den Weg des Verschwindens.

Der Erzähler fühlt sich also einerseits getrieben, worauf wiederum auch das Motiv der intuitiven Reise sowie das ständige Wechseln der Kleidung anspielen, die Fragmente seiner Identität kontinuierlich zu erneuern. Dabei erscheint er für den/die Leser/in über weite Strecken höchst widersprüchlich. Andererseits sind für ihn, wie auch Bronner zusammenfassend feststellt, „die innere und äußere Leere innerhalb des westlichen ideologischen Kontexts nicht mit einem positiven Lebensmodell zu füllen",[235] zumindest keinesfalls dauerhaft. Man möchte meinen, dass er zumindest die Rolle des kritisch-urteilenden Beobachters konstant ausführen könnte, aber

> „[n]icht einmal das Identitätsangebot des Kritikers stellt eine Lösung für ihn dar, da dies letztlich eine feste Positionierung bedeuten würde. Der Protagonist scheitert demnach nicht nur an der Ausbildung einer festen Identität, er verliert darüber hinaus jeden Halt".[236]

Letztlich scheitert auch jeder Versuch, Identitätsversatzstücke von anderen anzunehmen. Keines der von seinen Freunden vorgeführten Modelle lässt sich übernehmen, zumal sie bei diesen selbst nicht konstant funktionieren. Der Ich-Erzähler in *Faserland* stellt den Prototyp eines Subjekts dar, das mit der postmodernen ‚Freiheit', seine Identität aus verschiedensten Bausteinen zusammenbauen zu können, nicht umgehen kann.

Die erarbeiteten Charakteristika einer ‚postmodernen Pop-Identität' haben sich für eine ausführliche Analyse von Krachts Debütroman als sehr brauchbar erwiesen. Mehr noch kann man den ‚ersten Roman der Neuen deutschen Popliteratur' als Paradebeispiel für eine Darstellung dieser Problematik betrachten.

In den folgenden zwei Romanen Krachts, die der Autor selbst als ergänzende Teile eines ‚Triptychons' bezeichnet, wird dieses Projekt der scheiternden Subjektkonstitution fortgeführt, wenn auch in einem etwas anderem Gattungsrahmen. Ob und inwiefern man trotzdem noch von „postmodernen Pop-Identitäten" der behandelten Figuren sprechen kann, soll im Folgenden im Sinne eines Ausblicks in aller Kürze geklärt werden. Die Ausführung wird sich auf eine zusammengefasste und exemplarische Interpretation beschränken, da die Ausmaße dieser Arbeit sonst gesprengt würden. Das Augenmerk soll dabei vor allem auf einem Vergleich mit *Faserland* liegen.

---

235 Bronner (2012): S. 120.

236 Ebd.

4 Ausblick

4.1 *1979*

4.1.1 Ein Pop-Roman?

> „Alle zwei Wochen gab es eine freiwillige Selbstkritik. Ich ging immer hin. Ich war ein guter Gefangener. Ich habe immer versucht, mich an die Regeln zu halten. Ich habe mich gebessert. Ich habe nie Menschenfleisch gegessen". (*1979* 183)

Angesichts dieser eindrucksvollen Schlusspassage des zweiten Romans von Kracht fragt sich nicht nur Wolfgang Lange: „Ist das noch Pop?"[237] Überaus ernsthaft und gleichzeitig bizarr mutet dieses Ende an, das den/die Leser/in wie beim Roman zuvor etwas ratlos zurücklässt. Allerdings neigt man hier dazu, dem abermals namenlosen Protagonisten den Tod zu dem Zeitpunkt, an dem er diese Aussage trifft, zu *wünschen*. So grausam werden die Leiden beschrieben, die er in den verschiedenen kommunistischen Gefangenenlagern über sich ergehen lassen muss.

In *1979* wird eine Geschichte erzählt, „die von einer Reise in den Orient handelt, die im Jahre 1979 spielt und Teheran, den Himalaja sowie eine Reihe von chinesischen Straf- und Umerziehungslagern zu ihren Schauplätzen zählt",[238] was auf den ersten Blick nichts mehr mit der Gattung ‚Popliteratur' zu tun hat. Es werden Krieg und die Islamische Revolution thematisiert, der Verlust eines geliebten Menschen, der in einem iranischen Armenkrankenhaus an Gelbsucht[239] elendig zu Grunde

---

237 Lange (23.10.2001).

238 Ebd.

239 So die Interpretation von Scholz in Birgfeld & Conter (2009): S. 95.

geht, sowie die harte Realität in chinesischen Straflagern, wo Maden, die in den eigenen Exkrementen entstehen, als einzige Eiweißquelle dienen.

Setzt man nun ‚Popliteratur' mit kurzfristig angelegter, an der Oberfläche verharrender Unterhaltungsliteratur in leichtem Plauderton gleich, trifft die Diagnose vieler Rezensent/innen, Kracht habe dieses Genre mit diesem Roman „beerdigt",[240] zu. An anderer Stelle in dieser Arbeit wurde allerdings festgestellt, wie diffus und uneinheitlich definiert der Begriff ‚Popliteratur' ist. Sieht man von den assoziativen Vorurteilen, die in der Regel damit verbunden werden, ab, kann man auf den zweiten Blick sehr wohl Merkmale finden, die auch dieses Buch bis zu einem gewissen Grad als ‚Pop-Roman' ausweisen.

So spielt in *1979*, ebenso wie in *Faserland*, der Popmusik-Diskurs eine wichtige Rolle. Um die Atmosphäre der beschriebenen Zeit zu illustrieren, werden amerikanische New-Wave-Bands wie *Blondie* und *Devo* genannt. Mehrfach erscheinen außerdem Zitate aus dem *Human-League*-Song „Circus of Death", das dem Ich-Erzähler „angst [machte]", weil es „nach Maschinen [klang]". (*1979* 54) Eine Vorliebe hat er, zusammen mit dem einheimischen Fahrer Hasan, hingegen für die *Ink Spots*, eine Vocal Group aus Indianapolis, die vor allem in den 1940er-Jahren erfolgreich war. Auch Texte von ihnen werden zitiert. (*1979* 143) Daneben kommt auch östliche Popkultur zur Sprache, etwa mit der Teheraner Sängerin *Googoosh*, für die sich Christopher, der Freund des Erzählers, begeistert.[241]

Auch andere Medien halten Einzug, wenn der Protagonist etwa versucht, fremde Orte mit Begriffen aus seinem popkulturell geprägten Herkunftsbereich zu erfassen. So vergleicht er die Landschaft, die sich auf seiner Pilgerreise im westlichen Tibet vor ihm erstreckt, mit „*Mordor*" (*1979* 125) aus Tolkiens *The Lord of the Rings* (1954/55) oder fühlt sich beim Anblick einer Pilgergruppe an „abgelehnte Komparsen aus *Star Wars*" (*1979* 142) erinnert. Der „Ornamentaltanz", den diese ihm vorführen, sieht für ihn aus wie ein „Sirtaki-Musical" (*1979* 142).[242]

Die Semantik von Marken kommt im Roman, zumindest zu Beginn, ebensowenig zu kurz. Christopher trägt „Pierre-Cardin-Hemd[en]", der

---

240 Vgl. etwa STERN online (22.10.2001): *"1979". Kracht beerdigt die Popliteratur.*

241 Vgl. Hermes in Grabienski, Huber & Thon (2011): S. 195.

242 Vgl. Ebd.: S. 197.

Protagonist legt Wert auf sein „seidenes Paisley-Einstecktuch" (*1979* 22) und an einem Partygast (der übrigens Alexander heißt) in einer dekadenten Villa in Teheran fällt ihm sofort dessen „*vintage* Yves-Saint-Laurent-Blazer" (*1979* 38) auf. Stefan Hermes stellt fest, dass sich „die erwähnten Labels" nicht nur „aufgrund des zeitlichen Settings, das ungefähr 15 Jahre vor demjenigen von Krachts Debüt liegt", von denen in *Faserland* unterscheiden, sondern dass sie auch „in einem höheren Preissegment angesiedelt"[243] sind. So werden statt einer Barbourjacke „Berluti-Schuhe" zum Leitmotiv, die angeblich „besten Schuhe der Welt", die nur mit Champagner angemessen zu reinigen seien:

> „Seine hellbraunen Halbschuhe waren von Berluti, Christopher hatte mir einmal erzählt, es wären die besten Schuhe der Welt, es gäbe sogar einen Klub der Berluti-Schuh-Besitzer, die sich in der Nähe des Place de Vendôme trafen, um ihre Berlutis mit Krug zu putzen". (*1979* 20)

Nach dem Tod Christophers zieht der Protagonist dessen Schuhe an, ähnlich wie der Erzähler in *Faserland* Alexanders Barbourjacke, nachdem der Kontakt zu ihm misslingt. Allerdings können sie in Tibet „noch nicht einmal einen Monat in den Bergen überstehen", (*1979* 127) so wenig wie die Erinnerung des Erzählers an seinen verstorbenen Partner. „Christophers Gesicht" kann er zu der Zeit, in der die Schuhe immer löchriger werden, „nicht mehr sehen". (*1979* 127)

Mit der ramponierten Marken-Fußbekleidung legt der Ich-Erzähler im zweiten Teil des Romans dann auch nach und nach die restlichen „Insignien der westlichen Konsumwelt"[244] ab, wie seine *Brooks Brothers*-Unterhose, die er einem jungen Mönch schenkt. (*1979* 133)

Auch die für Inhalte der Popliteratur typische Politik-Verdrossenheit beziehungsweise ein eindeutiges Desinteresse diesbezüglich wird in *1979* thematisiert. So unternehmen der Ich-Erzähler und sein Freund inmitten der revolutionären Unruhen während der letzten Tage der Schah-Herrschaft in Teheran Sightseeing-Touren oder besuchen Partys in luxuriösen Villen. Die politischen Umbrüche interessieren sie wenig, auch wenn der Erzähler dementsprechende Details beobachtet:

---

243 Vgl. Hermes in Grabienski, Huber & Thon (2011): S. 194.

244 Vgl. Ebd.: S. 197.

> „Wir fuhren breite Alleen hinauf. Teheran war an einen Berghang gebaut worden, so daß es immer aufwärts ging. Kleine Bäche säumten die Straßen, [...]. An vielen Straßenkreuzungen standen Wagen der Militärpolizei und kontrollierten die Fahrzeuge, wir wurden immer durchgewunken. [...] Wir näherten uns einer Autobahnbrücke, an deren Geländer ein breites schwarzes Stofftuch befestigt war. Darauf stand in roten Buchstaben *Death to America – Death to Israel – Death to the Shah.* Ein paar Soldaten waren damit beschäftigt, das Stofftuch abzureißen. Ein Offizier, der eine Sonnenbrille trug, stand daneben und gab Anweisungen, unser Wagen fuhr unter der Brücke durch, und der Offizier drehte sich um und sah uns nach – ich konnte ihn und seine verspiegelte Sonnenbrille im Schein der Straßenbeleuchtung genau sehen". (*1979* 25f)

Scheinbar ahnungslos bemerkt der Erzähler zwar einzelne Dinge, die auf einen Umsturz hinweisen, macht sich darüber aber nicht mehr Gedanken als über die restliche Umgebung. Er „registriert, nimmt wahr, sieht, aber er versteht nicht, interessiert sich nicht, fragt nicht"[245] fasst Elke Heidenreich treffend zusammen. Wie dem Protagonisten in *Faserland* fehlen ihm die Lust und Fähigkeit, zu reflektieren. Was ihn interessiert, sind höchstens ästhetische Details, wie in diesem Fall die „verspiegelte Sonnenbrille" des Offiziers.

Das von Degler und Paulokat konstatierte Charakteristikum, in Popliteratur würden vermehrt Geschlechterverhältnisse zum Thema, lässt sich ebenfalls im Roman beobachten. Die Beziehung zwischen dem Ich-Erzähler und Christopher steht im ersten Teil im Mittelpunkt des Erzählten. Sie zeichnet sich durch ein starkes, höchst problematisches Ungleichgewicht aus. Bis kurz vor dessen Tod unterwirft sich der Protagonist seinem Partner beinah bis zur Selbstaufgabe. Er scheint dies allerdings zu genießen, ja förmlich abhängig von dieser Art von Verhältnis zu sein, was sich darin zeigt, dass er auch nach Christophers Ableben ständig auf der Suche nach autoritärer Führung ist. Beziehungen (in jeglicher Form) sind also auch hier unweigerlich mit Selbstzerstörung verbunden. Liebe als mögliche sinnstiftende Lösung wird in *1979* im Gegensatz zu *Faserland* zwar ansatzweise angedeutet, aber dann auch verworfen.

---

245 Heidenreich (08.10.2001).

Da der Gedanke, Popliteratur würde nur ‚Oberflächlichkeiten' thematisieren,[246] eindeutig als unangemessenes Vorurteil abgetan werden kann, ja im Grunde das Gegenteil der Fall ist, lässt sich auch mit diesem Argument dem Roman nicht absprechen, doch zu einem gewissen Teil Popliteratur zu sein. Gerade so ernste Stoffe wie Krankheit, Grausamkeit, Terror und Tod seien nach Degler & Paulokat charakteristisch für dieses Genre.[247] Im Gegensatz zu *Faserland* werden die genannten Motive in *1979* auf sehr konkrete Art und Weise verhandelt: Christopher stirbt unter erbärmlichen Umständen an einer Infektionskrankheit, in den chinesischen Arbeits- und Straflagern erfährt der Erzähler jegliche Formen von körperlicher und seelischer Grausamkeit und die revolutionären Aufstände in Teheran lassen sich auch mit dem Begriff ‚Terrorismus' fassen.

Und trotzdem kann das Buch auch als „Abgesang auf die kurze Scheinblüte des Pop"[248] gelesen werden, weil dessen vorrangige (ihn maßgeblich von anderen Gattungen unterscheidenden) Erkennungszeichen im Laufe der erzählten Geschichte mehr und mehr in den Hintergrund treten. Am Ende bleibt ein Roman übrig, der sich vielleicht gar nicht eindeutig zuordnen lassen muss, sondern in sich ein Patchwork von verschiedensten Genremerkmalen vereinigt. Relevant für diese Arbeit ist vielmehr die Frage, ob die darin vorkommende Hauptfigur oder auch Nebenfiguren trotzdem postmoderne Pop-Identitäten aufweisen.

---

246 Höchstwahrscheinlich ist diese Meinung auf eine einfache Verwechslung zurückzuführen. Die prototypische Erzähler-Figur im Pop-Roman nimmt die Welt als Oberfläche wahr, ohne das Beobachtete (für unsere Begriffe) angemessen zu reflektieren. Das heißt aber nicht, dass die behandelten Themen ‚oberflächlicher' Natur wären.

247 Siehe Kapitel 2.2.1.

248 Spiegel (09.10.2001).

4.1.2 Postmoderne Pop-Identitäten in *1979*

Wie bereits erwähnt, kommen im ersten Teil des Romans wie in *Faserland* einige Namen von Erzeugnissen der Modeindustrie vor, die nach Hermes erstens die Funktion haben, „die Wahrnehmung des Erzählers als eine primär auf Oberflächenphänomene gerichtete“[249] zu kennzeichnen, und zweitens als am Körper getragene Identifikationssymbole fungieren. Im Wert, die eine bestimmte Marke für den Protagonisten hat, sieht er seine Persönlichkeit gespiegelt. Eine ähnliche Funktion erfüllt die luxuriöse Inneneinrichtung der Villa eines Bekannten, wo der Erzähler und Christopher zusammen mit internationalem und westlich geprägtem Publikum eine bizarre Drogenparty feiern. Er fühlt sich dort sehr wohl, ja wie zu Hause:

> „Zum ersten Mal, seitdem wir in Persien waren, hatte ich das Gefühl des Ankommens und der Reinheit, ein Kindheitsgefühl“; (*1979* 33f)

Für ihn drücken die Räume „die äußere Opulenz [Europas] perfekt aus, die Oberfläche, das Ausgeleuchtete, die Alte Welt und den unfehlbar guten Geschmack“, (*1979* 33) womit er sich zunächst vollständig identifizieren kann. Inmitten der kosmopolitischen High Society muss er keine Irritationen befürchten und fühlt sich, im Gegensatz zum Ich-Erzähler in *Faserland*, als Teil einer Gruppe.

Diese Sicherheit währt allerdings nicht lange: Die anders-kulturelle Außenwelt nimmt bedrohlichen Charakter an, das Regime des Schahs bricht zusammen. Gleichzeitig stürzt Christopher auf der Party im Drogenrausch durch eine Glastür, wird von Fahrer Hasan und dem Erzähler in ein nachrangiges Krankenhaus gebracht, weil er woanders verhaftet würde, und stirbt dort. „Die Ära der hedonistischen Sorglosigkeit ist ein für alle Mal vorüber“,[250] was auch Auswirkungen auf das Identitätsempfinden des Erzählers hat. Er muss sich neu ordnen, eine neue Rolle finden, die er einnehmen kann.

Das hat durchaus auch positive Seiten: Christophers Tod etwa bedeutet für ihn zwar einen Verlust, aber ebenso die Erlösung von zahlreichen Demütigungen; und auch der Zwang zur Flucht aufgrund der politischen

---

249 Hermes in Grabienski, Huber & Thon (2011): S. 194.

250 Ebd.: S. 196.

Verhältnisse bietet ihm die chancenreiche „Gelegenheit eines Neuanfangs".[251] Das alte Leben ist mit einem Schlag sinnentleert und der Erzähler hat das Gefühl, aktiv werden zu müssen:

> „Was ist es, das Leben? Und wie wird es besser? Und wenn es besser wird, wie kann ich es erkennen? Ich will so nicht mehr weiterleben, dachte ich, so nicht. Irgend etwas muß sich ändern". (*1979* 79)

Dies ist die einzige Stelle im Roman, an der eine Entwicklung im Denken des Protagonisten deutlich wird. Plötzlich ist es ihm wichtig, etwas aus seinem Leben zu machen. Nachdem er seinen toten Freund beziehungsweise dessen „so wenig schick[e] [...] Hülle" (*1979* 78) die ganze Nacht lang angesehen und sich über „das Jungsein" (*1979* 79) Gedanken gemacht hat, fährt er voller Tatendrang zurück ins Hotel. Dort warten allerdings zwei Polizisten auf ihn und verdächtigen ihn, Mitglied des amerikanischen Geheimdienstes zu sein. Da es dem Erzähler in diesem Moment „reichte [...], immer feig zu sein", (*1979* 82) lässt er sich zur deutschen Botschaft bringen, wo ihm geraten wird, den Iran sofort zu verlassen. Da er sich aber noch in einer Art Übergangsphase befindet, in der er noch nicht bereit für eine neue Welt ist, schläft er zunächst viele Stunden, um dann „während des langsamen Erwachens ein Gefühl des Nirgendwoseins" (*1979* 92) zu empfinden. Seinen kurzzeitigen Willen, sich zu verändern, besiegelt er schließlich, indem er sich ausgiebig wäscht, seinen Schnurrbart abrasiert und die Kleider wechselt. Dann lässt er sich durch das Revolutionsgeschehen der Stadt treiben.

Wie der Held in *Faserland* hat auch er kein konkretes Ziel vor Augen, aber den Drang in sich, keinesfalls an Ort und Stelle zu verweilen. Als es zur Ausgangssperre kommt, gewährt ihm der Besitzer des Cafés, in dem er zu Abend gegessen hat, Unterschlupf. Nachdem er von diesem durch einen dunklen Kellergang geführt wird, taucht wie aus dem Nichts der rätselhafte Rumäne Mavrocordato auf, den der Erzähler schon auf der Party kennenlernte und der ihm dort Folgendes prophezeite:

> „Sie, mein Lieber, Sie werden in Kürze halbiert werden, um dann wieder ganz zu sein. Und die Halbierung wird sehr bald beginnen, schon in den nächsten Tagen". (*1979* 55)

---

251 Hermes in Grabienski, Huber & Thon (2011): S. 196.

Einerseits wurde damit vermutlich der Tod Christophers vorhergesagt, andererseits aber auch eine grundsätzliche Erneuerung des Ichs. Mavrocordato betonte nämlich, dass es auch sein könne, „daß Sie halbiert werden, nicht Ihre Beziehung, sondern Sie körperlich, wirklich halbiert". (*1979* 57)

Die neuerliche Begegnung mit dem charismatischen Rumänen macht den Protagonisten wieder zum entscheidungsunfähigen Unterwürfigen. Mavrocordato ist es nun, der ihm rät, „etwas her[zu]geben, ohne etwas dafür zu erwarten oder zu bekommen". (*1979* 114) Obwohl der Erzähler gesteht, lieber bei seinem neuen ‚Herrn' bleiben zu wollen, macht er sich auf dessen Anweisung hin auf zu einer Reise nach Tibet, wo er den „heiligen Berg Kailasch" (*1979* 114) wandernd umkreisen soll, um seine Seele zu reinigen. Es beginnt der zweite Teil des Romans und mit ihm die langsame Auflösung des Ichs.

Nach der beschwerlichen Reise zum heiligen Berg, die der Ich-Erzähler mit einer an mehreren Stellen als „mein Führer" (*1979* 123, 126, 129, etc.) bezeichneten Person zubringt, schließt er sich einer Gruppe von Tibetern an. Wieder überkommt ihn „das wunderbare Gefühl, Teil einer Gemeinschaft zu sein", was ihm, wie zuvor der Anblick der europäisch anmutenden Villa, „plötzlich eine Erinnerung [...], wie es im Kindergarten war" (*1979* 145f) beschert. Die Einsamkeit und Unsicherheit der erinnerungsleeren und damit auch identitätslosen Figur zeigen sich nun auf ironisch-bizarre Weise: Jeden Morgen wirft sich der Erzähler mit seiner Gruppe zusammen auf den Boden und robbt, „Schritt für Schritt, langsam vorwärtskommend, in Uhrzeigerrichtung um den Berg". (*1979* 144) Diese Tätigkeit scheint ihm „eine perfekte Lebensaufgabe" (*1979* 146) zu sein. Völlig in der Gemeinschaft zu verschwinden, keine eigenen Entscheidungen treffen zu müssen und trotzdem nicht untätig zu sein, füllt ihn gänzlich aus. Wie der Protagonist in *Faserland* ist auch er damit überfordert, ein individuelles Sein auszubilden, sieht aber als Lösung die Anpassung an ein vorgegebenes System.

In den Straflagern, in die der Protagonist überführt wird, nachdem er von chinesischen Soldaten am Fuße des Kailasch verhaftet wurde, erlebt er das Verschwinden schließlich auch körperlich. Durch das ständige Hunger- und Durstleiden, die Folter und Zwangsarbeit magert er bis zum Ende des Romans auf 38 kg ab, was ihn selbst aber nicht stört. Im Gegenteil nimmt er seinen Körper nun als „Artefakt“[252] wahr, was darauf hindeutet, dass er, entgegen der Meinung von Hermes, seine „kulturelle Prägung“ nicht gänzlich abgelegt hat.[253]

Noch immer einem medialen Schönheitsideal des Westens nacheifernd, stellt der Erzähler nämlich fest, „glücklich darüber [zu sein], endlich *seriously* abzunehmen“:

> „Das hatte ich ja nie geschafft; ein, zwei Kilo hatte ich mir früher herunterhungern können, aber jetzt waren schon mindestens zehn oder zwölf Kilo weg, Gott sei Dank“. (*1979* 166)

Auch die ihm auferlegte „Selbstkritik“ in Form von „Umerziehung“ (*1979* 156) empfindet er als gerechtfertigt, verspürt er doch einen starken „Wunsch nach Besserung“. (*1979* 161) Das ihm im Lager angebotene Identitätsmodell des unterwürfigen Gefangenen, der sich schuldig fühlen muss und dafür Buße tut, nimmt er dankbar an, ohne es auch nur in geringster Weise zu hinterfragen. Hermes erklärt dieses Verhalten mit der Kulturtheorie Freuds:

> „Krachts Held vollzieht die ersehnte Regression in eine primitivere Bewusstseinslage, in der das Ich sich nicht als autonomes Subjekt begreift, sondern von einem ‚Gefühl der unauflösbaren Verbundenheit, der Zusammengehörigkeit mit dem Ganzen der Außenwelt‘ ergriffen ist“.[254]

Wie „ein offenes Gefäß“ (*1979* 60), wie ihn Mavrocordato bezeichnete, das vorher leer war, hat der Protagonist ein neues Sein in sich aufgenommen. Am Schluss des Romans ist er zum perfekten Gefangenen geworden. Seine physische Gestalt schwindet immer mehr, immer weniger wird er sich vom Außen, das ihn umgibt, abheben. Er identifiziert sich nicht mehr wie zu Beginn der Erzählung mit den Dingen, die er am Körper trägt oder besitzt, sondern geht in seinem Innersten auf. Da ihm (wie dem gesamten Kollektiv) exakt vorgeschrieben wird, was er zu denken und zu empfinden habe, kann er sich nahtlos in das „Ganze der Außenwelt“ einpassen.

---

252 Bartels in Grabienski, Huber & Thon (2011): S. 214.

253 Vgl. Hermes in Grabienski, Huber & Thon (2011): S. 198.

254 Ebd.: S. 197f.

Dadurch gelingt ihm auf makabre Art und Weise der von Keupp so definierte Identitätsbildungsprozess. Von Auflösung kann man dennoch sprechen, da Selbstzerstörung mit diesem Prozess einhergeht, zumindest im Sinne des „Verlust[es] jeder Kultur und jeder Menschlichkeit".[255]

[255] Hermes in Grabienski, Huber & Thon (2011): S. 198.

4.2 *Ich werde hier sein im Sonnenschein und im Schatten*

4.2.1 Kurzpräsentation

2008, sieben Jahre nach *1979,* erscheint Christian Krachts dritter Roman *Ich werde hier sein im Sonnenschein und im Schatten.* Die Frage, ob es sich dabei noch um Popliteratur handelt, stellt sich nicht mehr. Eher kommt nun in den Reihen der Kritiker/innen die Diskussion auf, ob Kracht jemals dem Titel ‚Popliterat' gerecht wurde: Elmar Krekeler etwa ist der Meinung, dass er „zumindest in seinen drei Romanen – das komplette Gegenteil unternommen"[256] hätte. Wie bereits im vorigen Kapitel angesprochen, kommt es bei einer Urteilsbildung in dieser Sache vor allem darauf an, was man unter dem Begriff ‚Popliteratur' versteht. Setzt man ihn wie Krekeler damit gleich, dass „auf der Oberfläche der Welt [getanzt]", „die Warenwelt [bestätigt]" und generell „affirmiert"[257] wird, muss für Kracht und sein Schreiben zurecht ein anderes Etikett gefunden werden.

Fakt ist, dass Krachts dritter Roman auch nach den in dieser Arbeit konstatierten ‚Merkmalen' von Popliteratur nur noch schwerlich diesem Genre zugeordnet werden kann. Popmusik fungiert nicht mehr als Thema oder Formatvorlage, die Semantik von Marken und Medien spielt keine Rolle, von Politik-Verdrossenheit als Thema kann ebenso wenig die Rede sein wie von problematischen Geschlechterverhältnissen und vor allem die Arbeit am Archiv fehlt gänzlich, da keine Gegenwart beschrieben wird, die der Wirklichkeit zumindest nachempfunden sein könnte. Vielmehr ist das genaue Gegenteil der Fall: In *Ich werde hier sein im Sonnenschein und im Schatten* wird die Gesellschaft in einer historisch-politischen Alternativkonstellation betrachtet; es handelt sich also um einen Science-Fiction-Roman.

Trotzdem lassen sich mehrere Parallelen zu den zwei vorangegangenen Werken aufzeigen. Im Zentrum des Geschehens steht einmal mehr ein namenloser Ich-Erzähler, dessen Innensicht man als Leser/in teilt und der von seinen Erlebnissen, mit Ausnahme von zwei Rückblicken auf die Vorgeschichte, in chronologischer Reihenfolge berichtet. Wie die zwei anderen Romanhelden begibt auch er sich auf eine Reise ohne konkretes

---

256 Krekeler (22.09.2008).

257 Ebd.

Ziel, wenn auch einer Aufgabe folgend, und verändert dabei nach und nach sein Ich.

Es wird die Geschichte einer Schweiz erzählt, die vom Exilanten Lenin nie verlassen und deshalb zur Schweizer Sowjetrepublik (SSR) wurde. Im Jahr 2010 befindet sie sich bereits seit 96 Jahren im Krieg mit den faschistischen Großmächten Deutschland und England. Protagonist ist ein schwarzafrikanischer, Deutsch und Chichewa sprechender Parteikommissär, der vom „Revolutionskomitee in Schweizerisch-Salzburg" den Auftrag erhält, „einen gewissen Oberst Brazhinsky sofort festzunehmen". (IWHS 14) Dieser hat sich allerdings im „Réduit" verschanzt, jener „Alpenfestung", (IWHS 60) die das „Jahrhundertwerk der Schweizer [ist] – Kern, Nährboden und Ausdruck unserer Existenz". (IWHS 98) Zu Beginn seiner Reise begegnet der Erzähler der Divisionärin und früheren Geliebten Brazhinskys Favre. Sie teilt ihm mit, dass Brazhinsky den Zustand „Satori" erreicht hat, die Erkenntnis vom universellen Wesen des Daseins mit der Fähigkeit, „das Gedachte zu sprechen und in den Raum zu stellen [...] bewegen [...] [u]nd schlussendlich [...] senden und empfangen", (IWHS 44) und damit entweder eine „Gefahr für die SSR" oder die größte „Hoffnung der SSR" (IWHS 41) ist. Nachdem die beiden miteinander geschlafen haben und der Erzähler eine Steckdose neben Favres Achselhöhle entdeckt, wird diese von einer Granate zerrissen. Es folgt die Fortsetzung seiner Reise mit Rückblicken auf seine Bildungsgeschichte und den Schweizer Kolonialismus in Afrika. Auf der Suche nach Brazhinsky findet er im Wald die Leichen zweier von diesem hingerichteten Soldaten, wird vom rätselhaften Zwerg Uriel in einer Waldhütte gefangen genommen, kann sich befreien, kommt mitten auf einem Acker auf einer scharfen Mine zu stehen, erschießt von dort aus zwei deutschnationale Vergewaltiger und wird schließlich überraschenderweise von Uriel gerettet, der sich selbst auf die Mine stellt und wenig später von der Explosion getötet wird. Dann beginnt der, zwar nicht als solcher gekennzeichneter, aber inhaltlich markierte zweite Teil: Der Erzähler hat das Réduit erreicht.[258]

Ab hier wird das Geschehen verlangsamt, aber nicht mehr alles davon wiedergegeben. Ähnlich wie beim Lager-Aufenthalt des Erzählers in *1979* kann man als Leser/in nur erahnen, ob der Protagonist nun Tage oder Wochen im Réduit verbringt, er scheint sich auf gewisse Weise

[258] Vgl. Birgfeld & Conter (2009): S. 255f.

‚angekommen' zu fühlen und dort bleiben zu wollen. Als er mit Brazhinsky zum ersten Mal „wie zufällig" (IWHS 103) zusammentrifft, wird er mit „eine[m] gewaltigen Stoss", (IWHS 108) ausgelöst durch dessen Willen, davon abgehalten, ihn zu verhaften. Er erfährt, dass das Réduit nur vorgeblich das Machtzentrum der SSR ist, dass es eigentlich keine Führungsebene gibt, das Réduit „sich verselbständigt" hat und „[d]ie SSR als Modell ihrer selbst" (IWHS 109) darstellt.

Vergleichbar mit der Figur Mavrocordato in *1979*, erscheint Brazhinsky dem Erzähler auf eine Art faszinierend, auf eine andere gefährlich. Einmal wird er fast von ihm erstochen, gleichzeitig erlernt er mit dessen Hilfe während der Zeit im Réduit die neue Sprache. Als der Erzähler den Oberst eines Abends in seinem Zimmer aufsucht, erkennt er auch neben seiner Achselhöhle „die Umrisse einer Steckdose". (IWHS 129) So wie Favre ist also auch er nur eine „technisch vervollkommnete Mutation des Menschen".[259] „An einem schönen Frühlingstag Ende März" (IWHS 123) schließlich wird das Réduit durch einen Angriff der Deutschen schwer beschädigt und Brazhinsky sticht sich im Wahnsinn die Augen aus. Der Erzähler bricht nun zu seiner zweiten und letzten Reise auf: zurück in seine Heimat Afrika.

Dort spricht er sogar aus, sich „angekommen" und damit „glücklich" zu fühlen:

> „Ndafika. Ndakondwa".
> („Ich bin angekommen. Ich bin glücklich." auf Chichewa)[260]

Im Laufe seiner Reise wechselten die Augen der Erzählers nach und nach von der Farbe Braun zu Blau – bei seiner Ankunft in „Somaliland" sind sie schließlich „vollständig blau geworden, nein, ultramarin; sowohl die Iris und die Pupille als auch die Netzhaut". (IWHS 146f) Er selbst nennt sie „die blauen Augen unserer Revolution", die „mit der notwendigen Grausamkeit" (IWHS 147) brennen. Hier ist von einer umgekehrten Revolution der Zivilisation die Rede, wie sie im anschließenden letzten Kapitel beschrieben wird:

> „Ganze Städte wurden indes über Nacht verlassen, und ihre afrikanischen Einwohner kehrten, einer stillen Völkerwanderung gleich, zurück in die Dörfer. Der Schweizer Architekt, der sie so

---

259 Birgfeld & Conter (2009): S. 263.

260 Ebd.: S. 256.

> sorgfältig am Reissbrett geplant und hatte erbauen lassen, reiste mit dem Luftschiff in die leeren urbanen Zentren Ostafrikas und konnte, einmal angekommen, nicht einen einzigen Menschen daran hindern, seine betongewordenen Visionen, die er zum Wohle der Bevölkerung hell, geordnet, modern und elegant entworfen hatte, zu verlassen". (IWHS 148)

Wie ein Messias also kehrt der Ich-Erzähler in das afrikanische Schweizer Kolonialreich zurück, um eine Revolution anzuführen, die die Entwicklung der Moderne umkehren soll. Dabei trägt er die Augenfarbe eines Weißen. Diese könnte ein Zeichen für den „neuen Menschen" (IWHS 43) sein, dessen Existenz unter anderem von Favre vorhergesagt wurde. Dadurch, dass durch ihn der Fortschritt sozusagen wieder rückwärts läuft, erfüllt sich die Prophezeiung auf unerwartete, beinah ironische Weise.

4.2.2 Postmoderne Pop-Identitäten in *Ich werde hier sein im Sonnenschein und im Schatten*?

Obwohl sich die Schauplätze, die zeitliche Verortung, die Handlung sowie auch Sprache (und übrigens auch Orthographie) in *Ich werde hier sein im Sonnenschein und im Schatten* von den vorangegangenen Romanen Krachts stark unterscheiden, kann mit Blick auf die Konstitution des Subjekts doch vom dritten Teil einer Trilogie oder eines ‚Triptychons' gesprochen werden.

Allerdings lässt sich die dargestellte Identität dieses Ich-Erzählers nicht mehr mit dem erarbeitenden Typus der ‚postmodernen Pop-Identität' fassen, was angesichts des Gattungsrahmens nur logisch erscheint. Identifizieren sich sowohl in *Faserland* als auch in *1979* die Protagonisten (sowie viele Nebenfiguren) über Markenartikel und generell Besitztümer, spielen solche in der beschriebenen Realität des dritten Romans keine Rolle. Objekte der Massenkultur als kollektive Identitätsstifter kommen ebenso selten vor beziehungsweise sind für den/die europäische/n Leser/in schwer zuzuordnen, da sie wie das Getränk „Mbege" (IWHS 38) aus dem afrikanischen Kulturkreis kommen.

Anders als in *Faserland* hat der Erzähler im dritten Roman auch nicht das Bedürfnis, sich von der Vorgängergeneration abgrenzen zu müssen, im Gegenteil erinnert er sich positiv an seinen Vater. Im Gegensatz zum Protagonisten in *1979* ist er auch kein identitätsloses, leeres, „offenes Gefäß" (*1979* 60) ohne Erinnerungen, sondern denkt oft an seine Kindheit. Die thematisierten Liebesbeziehungen und Freundschaften wirken höchstens auf die anderen Figuren, nicht aber auf den Erzähler selbstzerstörend.

Wird in *Faserland* nicht erwähnt, ob der Ich-Erzähler einen Beruf ausübt, geschweige denn ihm damit Identität verliehen wird und wird der „Inneneinrichter" in *1979* aufgrund seiner Tätigkeit eher verspottet als akzeptiert, fühlt sich der Held in *Ich werde hier sein im Sonnenschein und im Schatten* ganz nach moderner Manier durch sein Amt als Parteikommissär bestätigt und definiert sich über lange Strecken des Romans darüber. Anders als beim Typus der postmodernen Pop-Identität schafft der Beruf hier also sehr wohl eine Basis für eine zumindest zeitweilig stabile Identität.

Auch die Möglichkeit zur ‚echten Individualität' scheint in diesem Text im Gegensatz zu den anderen beiden gegeben. Schließlich stellt der Protagonist am Ende den ersten „neuen Menschen" (IWHS 43) dar, der schwarz ist und blaue Augen hat, und eine Revolution einleitet, wie es sie vorher nicht gab.

Grenzerfahrungen, die die Figuren in den anderen beiden Romanen machen wollen, um ihr Selbst zu finden oder besser zu spüren, erlebt der Held in diesem Text ungewollt, weil er gewissenhaft seiner Aufgabe als Parteikommissär nachgeht und Brazhinsky verfolgt.

Das subjektive Innen des Individuums und das gesellschaftliche Außen driften in diesem Roman nicht auseinander, sondern fügen sich zusammen. Am Schluss spricht ein omnipräsentes Ich für alle Menschen, die die Städte verlassen, um wieder in der Steppe zu leben, weil sie den modernen Fortschritt verabscheuen.

Trotz dieser grundlegenden Unterschiede und der Einsicht, dass sich das erarbeitete Konzept nur schwer bis gar nicht auf den letzten Text anwenden lässt, kann festgestellt werden, dass sich das Thema einer ‚problematischen Identität' durch alle drei Romane hindurchzieht. Im letzten kommen aber keine Pop-Versatzstücke mehr dafür zum Tragen. Das Reise-Motiv als Symbol der Sinn- und Selbstsuche und auch das allmähliche Verschwinden des Subjekts lassen sich etwa im gesamten ‚Triptychon' beobachten.

Schlussbemerkung

Christian Krachts Erstlingswerk *Faserland* hat sich geradezu als Paradebeispiel für eine Darstellung der postmodernen Identitätsproblematik erwiesen. Die Identität des namenlosen Ich-Erzählers lässt alle erarbeiteten Charakteristika einer ‚postmodernen Pop-Identität' erkennen:

Er verwendet Markenartikel und Medienelemente als Ready Mades für seine Identitätskonstruktion, er versucht sich an einer Abgrenzung von seinen Vorgängergenerationen, er erinnert Objekte der Massenkultur als identitätsstiftend, er kann keine Nähe zu anderen aufbauen, er kann sich letztendlich nicht durch Freundschaft oder ähnliche Beziehungsmuster definieren, er hat keinen Beruf, der eine Basis für stabile Identität schaffen könnte, er kann keine echte Individualität aufbauen, weil ihm alle Zeichen schon kombiniert erscheinen, er ist süchtig nach Grenzerfahrungen, was sich vor allem an seinem konstanten Alkoholkonsum zeigt, er nimmt keines der ihm angebotenen Identitätsmodelle an und kann schließlich keine Verbindung mehr zwischen subjektivem ‚Innen' und gesellschaftlichem ‚Außen' aufbauen. So knapp zusammengefasst, mögen diese Eigenschaften unzusammenhängend wirken, im Detail betrachtet machen sie aber deutlich, wie weit die Thematik reicht.

Alles, was wir tun, wo wir uns befinden, mit wem wir unsere Zeit verbringen, auch wie wir uns kleiden, hängt damit zusammen, wie wir unser Leben, unser ‚Ich' gestalten. Kraus setzt Identität im Sinne der narrativen Psychologie mit einer ‚Erzählung unseres Ichs' gleich. Unser Selbst mit seiner Geschichte (beziehungsweise seinen Geschichten), unseren Erinnerungen, erzählend zu begreifen, erzeugt Identität. Einen Sinn im Sein zu erkennen geht damit einher. Sich selbst bewusst zu sein, sein Dasein wahrzunehmen, ist dafür notwendig.

Dasein hat mit Raum zu tun, Raum mit Umgebung. Zwischen der äußeren Umgebung und der eigenen Innenwahrnehmung eine Verbindung herzustellen, ein ‚Scharnier' zu bilden, ist Keupps Auffassung von Identität. Er betont außerdem die Prozesshaftigkeit, Uneinheitlichkeit und Instabilität des Phänomens. Identität kann man sich nach seinen Ausführungen als vielgestaltiges ‚Patchwork' vorstellen, das im Laufe unseres Lebens stetig wächst, auch Teile aufgelöst werden, durch neue ausgetauscht werden etc. Da ein Patchwork nicht nur aus einem Teil besteht, ist auch Identität im Plural zu verstehen.

Der Protagonist in *Faserland* weist in diesem Sinne eine zerfaserte Identität auf. Sein Identitäten-Patchwork, das er verzweifelt zu festigen versucht, löst sich nach und nach auf. Nirgends findet er Beständigkeit, von all seinen Freunden wird er enttäuscht, zahlreiche Erschütterungen zwingen ihn zur Flucht, auch in sein Innerstes, wo er sich dem „weichen Zentrum des anderen Augenblicks"[261] hingeben kann. Einzig seine Kindheitserinnerungen werden noch als Teile einer geordneten Ganzheit wahrgenommen. Am Ende des Romans weist alles darauf hin, dass sein Ich verschwindet.

Der Blick auf die zwei anderen Teile des von Kracht selbst so bezeichneten Roman-‚Triptychons', *1979* und *Ich werde hier sein im Sonnenschein und im Schatten*, hat ergeben, dass sich das Motiv der misslingenden oder zumindest problematischen Identitätsausbildung als Programm durchzieht. Es hat sich dabei außerdem herausgestellt, dass sich das entworfene Analyse-Raster im Ganzen nur zur Interpretation von explizit so zu wertenden ‚Pop-Romanen' eignet. Kracht als ‚Popautor par excellence' zu bezeichnen, sollte angesichts der Tatsache, dass drei seiner vier Werke sich diesem Genre nicht mehr eindeutig bis gar nicht zuordnen lassen, auch überdacht werden.

Eine weiterführende Forschung in diesem Bereich könnte bei der Analyse von Krachts jüngstem Roman *Imperium* (2012) ansetzen: Auch hier steht eine Figur im Zentrum, die, von der eigenen Orientierungslosigkeit getrieben, eine Reise antritt, die eigentlich eine Suche nach ihr selbst ist. Die Zivilisation muss dafür, wie in allen drei vorangegangenen Romanen, verlassen werden.

261 Deleuze (1993): S. 197 zitiert nach Bronner (2012): S. 141.

Literaturverzeichnis

Primärliteratur

KRACHT, Christian: *Faserland.* 14. Aufl., München: dtv 2012. [Erstausgabe: Köln: Kiepenheuer & Witsch 1995]

KRACHT, Christian: *1979.* 2. Aufl., Frankfurt am Main: Fischer 2012. [Erstausgabe: Köln: Kiepenheuer & Witsch 2001]

KRACHT, Christian: *New Wave.* 2. Aufl., München: dtv 2012. [Erstausgabe: Köln: Kiepenheuer & Witsch 2006]

KRACHT, Christian: *Ich werde hier sein im Sonnenschein und im Schatten.* 2. Aufl., München: dtv 2012. [Erstausgabe: Köln: Kiepenheuer & Witsch 2008]

KRACHT, Christian: *Imperium.* Köln: Kiepenheuer & Witsch 2012.

Sekundärliteratur

ASSMANN, Aleida u. Heidrun FRIESE (Hg.): *Identitäten. Erinnerung, Geschichte, Identität 3.* 2. Aufl., Frankfurt am Main: Suhrkamp 1999.

BAẞLER, Moritz: *Der deutsche Pop-Roman. Die neuen Archivisten.* München: C.H. Beck 2002.

BAẞLER, Moritz: *Christian Kracht.* In: Thomas Kraft (Hg.): *Lexikon der deutschsprachigen Gegenwartsliteratur seit 1945.* Bd. 2. München: Nymphenburger 2003.

BECK, Ulrich: *Risikogesellschaft. Auf dem Weg in eine andere Moderne.* Frankfurt am Main: Suhrkamp 1986.

BERGER, Peter L.: *Sehnsucht nach Sinn. Glauben in einer Zeit der Leichtgläubigkeit.* Frankfurt am Main: Campus 1994.

BIENDARRA, Anke S.: *Der Erzähler als ‚Popmoderner Flaneur' in Christian Krachts Roman* Faserland. In: *German Life and Letters* 55, 2002. S. 164-179.

BIRGFELD, Johannes u. Claude D. CONTER (Hg.): *Christian Kracht. Zu Leben und Werk.* Köln: Kiepenheuer & Witsch 2009.

BORGSTEDT, Thomas: *Pop-Männer. Provokation und Pose bei Christian Kracht und Michel Houellebecq.* In: Claudia Benthien und Inge Stephan (Hg.): *Männlichkeit als Maskerade. Kulturelle Inszenierungen vom Mittelalter bis zur Gegenwart.* Köln und Weimar: Böhlau 2003. S. 221-247.

BRIEGLEB, Klaus: *Weiterschreiben! Wege zu einer deutschen literarischen Postmoderne?* In: Grimminer, Rolf (Hg.): *Hansers Sozialgeschichte der deutschen Literatur vom 16. Jahrhundert bis zur Gegenwart.* Bd. 12: *Gegenwartsliteratur seit 1968.* Hg. von Klaus Briegleb und Sigrid Weigel. München und Wien: 1992. S. 340-381.

BRONNER, Stefan: *Vom taumelnden Ich zum wahren Übermenschen. Das abgründige Subjekt in Christian Krachts Romanen* Faserland, *1979 und* Ich werde hier sein im Sonnenschein und im Schatten. Tübingen: Narr Francke Attempto 2012.

DEGLER, Frank und Ute PAULOKAT: *Neue Deutsche Popliteratur.* Paderborn: Wilhelm Fink 2008.

DELEUZE, Gilles: *Logik des Sinns.* Aus dem Franz. v. Bernhard Dieckmann. Frankfurt am Main: Suhrkamp 1993.

DIEWALD, Nils: *Faserland ist abgebrannt. Über die Romane Christian Krachts.* Bachelorarbeit an der Universität Bielefeld (2005), veröffentlich unter: http://nils-diewald.de/public/diewald-faserland.pdf.

EICKELPASCH, Rolf u. Claudia RADEMACHER: *Identität.* 3. Aufl., Bielefeld: transcript 2010.

ERIKSON, Erik H.: *Identität und Lebenszyklus.* Frankfurt am Main: Suhrkamp 1973.

ERNST, Thomas: *Popliteratur.* Hamburg: Rotbuch 2001.

FIEDLER, Leslie A.: *Cross the Border – Close the Gap.* [*Playboy* Dez. 1969] New York: Stein and Day 1972. Deutsche Übersetzung: *Überquert die Grenze, schließt den Graben!* In: Jörg Schröder (Hg.): *März-Mammut. März-Texte.* Herbstein: März 1984. 673-697.

FEYERABEND, Paul: *Wider den Methodenzwang.* Aus dem Englischen von Hermann Vetter, 11. Aufl., Frankfurt am Main: Suhrkamp 1986.

FRANK, Dirk: *Texte und Materialien für den Unterricht. Popliteratur.* Stuttgart: Reclam 2003.

FRITZ, Martin: *Ist doch nur Pop. Bestimmung des Verfahrens „Pop" bzw. „Popliteratur" mit einer exemplarischen Analyse von Thomas Meineckes „Tomboy".* Diplomarbeit an der Universität Innsbruck (2008), veröffentlicht unter http://static.twoday.net/assotsiationsklimbim/files/ist-doch-nur-pop-version.pdf.

GERGEN, Kenneth J. und Mary M. GERGEN: *Narrative and the self as relationship.* In: Leonard Berkowitz (Hg.): *Advances in experimental social psychology.* New York: Academic Press 1988. S. 17-56.

GERGEN, Kenneth J.: *Sinn ist nur als Ergebnis von Beziehungen denkbar. Interview mit K. Gergen.* Psychologie heute, Nr. 10: 1994. S. 34-38.

GIDDENS, Anthony: *Konsequenzen der Moderne.* Frankfurt am Main: Suhrkamp 1995.

GRABIENSKI, Olaf: *Christian Krachts* Faserland. *Eine Besichtigung des Romans und seiner Rezeption.* Seminararbeit an der Universität Hamburg (2001), veröffentlicht unter www.olafski.de/sites/default/files/download/kracht_faserland_rezeption_analyse.pdf.

GRABIENSKI, Olaf, Till HUBER und Jan-Noël THON (Hg.): *Poetik der Oberfläche. Die deutschsprachige Popliteratur der 1990er Jahre.* Berlin: de Gruyter 2011.

HALL, Stuart: *Die Frage der kulturellen Identität.* In: Stuart Hall (Hg.): *Rassismus und kulturelle Identität.* Hamburg: Argument 1994. S. 180-222.

HANNERZ, Ulf: *Cultural Complexity. Studies in the Social Organization of Meaning.* New York: Columbia University Press 1992.

HOFFMANN, Dieter: *Arbeitsbuch Deutschsprachige Prosa seit 1945. Band 2: Von der Neuen Subjektivität zur Pop-Literatur.* Tübingen und Basel: A. Francke 2006.

HÜGEL, Hans-Otto: *Einführung.* In: Hans-Otto Hügel (Hg.): *Handbuch Populäre Kultur.* Stuttgart: Metzler 2003.

ILLIES, Florian: *Generation Golf. Eine Inspektion.* 5. Aufl., Berlin: Fischer 2001.

KELLNER, Hansfried und Frank HEUBERGER: *Zur Rationalität der „Postmoderne" und ihrer Träger.* In: Hans-Georg Soeffner (Hg.): *Kultur und Alltag.* Soziale Welt, Sonderband 6. Göttingen: Otto Schwartz. S. 325-337.

KEUPP, Heiner u.a.: *Identitätskonstruktionen. Das Patchwork der Identitäten in der Spätmoderne.* Hg. v. Burghard König, 4. Aufl., Reinbek bei Hamburg: Rowohlt 2008.

KRAUS, Stefanie: *Sinnsuche und Identitätssuche in Christian Krachts Romanen* Faserland *und* 1979 *– Eine Analyse der Analogien und Differenzen zwischen den Romanen und ihren literarischen Vorlagen.* Magisterarbeit. München und Ravensberg: GRIN 2003.

KRAUS, Wolfgang: *Das erzählte Selbst. Die narrative Konstruktion von Identität in der Spätmoderne.* Pfaffenweiler: Centaurus 1996.

KRAUS, Wolfgang: *Identität als Narration: Die narrative Konstruktion von Identitätsprojekten.* Colloquium vom 22.04.1999. Online: http://web.fu-berlin.de/postmoderne-psych/berichte3/kraus.htm, abgerufen am 06.10.2012.

LASH, Scott und Jonathan FRIEDMAN (Hg.): *Modernity and Identity.* Oxford: Blackwell 1992.

LETTOW, Fabian: *Der postmoderne Dandy – die Figur Christian Kracht zwischen ästhetischer Selbststilisierung und aufklärerischem Sendungsbewusstsein.* In: Ralph Köhnen (Hg.): *Selbstpoetik 1800-2000. Ich-Identität als literarisches Zeichenrecycling.* Frankfurt am Main: Peter Lang 2001. S. 285-305.

LÜBBE, Hermann: *Schrumpft die Zeit? Zivilisationsdynamik und Zeitumgangsmoral: Verkürzter Aufenthalt in der Gegenwart.* In: Kurt Weis (Hg.): *Was ist Zeit?* Faktum Bd. 6. München: Technische Universität 1994. S. 53-80.

LYOTARD, Jean-François: *Das postmoderne Wissen.* Hg. von Peter Engelmann, aus dem Franz. v. Otto Pfersmann, 4. Neuaufl., Wien: Passagen 1999.

MEHRFORT, Sandra: *Popliteratur: zum literarischen Stellenwert eines Phänomens der 1990er Jahre.* Karlsruhe: Info 2008.

MEUTER, Norbert: *Narrative Identität. Das Problem der personalen Identität im Anschluß an Ernst Tugendhat, Niklas Luhmann und Paul Ricoeur.* Stuttgart: M & P 1995.

NEUHAUS, Stefan: *Literatur und Identität. Zur Relevanz der Literaturwissenschaft.* In: *Literaturwissenschaft im Wandel. Aspekte theoretischer und fachlicher Neuorganisation.* Hg. von Christine Magerski und Svjetlan Lacko Vidulic. Wiesbaden: VS / GWV 2009. S. 81-95.

NÜNNING, Ansgar (Hg.): *Metzler Lexikon Literatur- und Kulturtheorie. Ansätze – Personen – Grundbegriffe.* 3. Aufl., Stuttgart und Weimar: Metzler 2004.

RICOEUR, Paul: *Narrative identity.* In: David W. Pellauer (Hg.): *Philosophy Today 35.* Chicago: DePaul University 1991. S. 73-81.

SCHAEFERS, Stephanie: *Unterwegs in der eigenen Fremde. Deutschlandreisen in der deutschsprachigen Gegenwartsliteratur.* Dissertation an der Westfälischen Wilhelms-Universität Münster (2008), veröffentlicht unter http://miami.uni-muenster.de/servlets/DerivateServlet/Derivate-5488/diss_schaefers_buchblock.pdf.

SCHÄRF, Christian: *Der Roman im 20. Jahrhundert.* Stuttgart: J.B. Metzler und Carl Ernst Poeschel 2001.

SCHOLZ, Gerhard: *Zeitgemäße Betrachtungen? Zur Wahrnehmung von Gegenwart und Geschichte in Felicitas Hoppes* Johanna *und Daniel Kehlmanns* Die Vermessung der Welt. Innsbruck: Studienverlag 2012.

SIMMEL, Georg: *Philosophie der Mode.* [1905] *Die Religion.* [1906] *Kant und Goethe.* [1906] *Schopenhauer und Nietzsche.* [1907] *Gesamtausgabe.* Hg. von Michael Behr, Volkhard Krech und Gert Schmidt. Frankfurt am Main: Suhrkamp 1995.

STEPHAN, Felix: *Postmoderne Konzepte in den Romanen Christian Krachts.* Magisterarbeit an der Universität Leipzig (2010), veröffentlicht unter: www.christiankracht.com/stephan.pdf.

ULLMAIER, Johannes: *Von Acid nach Adlon und zurück. Eine Reise durch die deutschsprachige Popliteratur.* Mainz: Ventil 2001.

WAGNER, Peter: *Fest-Stellungen. Beobachtungen zur sozialwissenschaftlichen Diskussion über Identität.* In: Aleida Assman und Heidrun Friese (Hg.): *Identitäten. Erinnerung, Geschichte, Identität 3.* 2. Aufl., Frankfurt am Main: Suhrkamp 1999. S. 44-72.

WERTZ, Marcus: *Der Einfluss von Markensymbolen auf die Rezeption und Interpretation sozialer Situationen.* Magisterarbeit an der Universität Marburg (2005), veröffentlicht unter: www.marcuswertz.de/MA_MarcusWertz.pdf.

WELSCH, Wolfgang: *Unsere postmoderne Moderne.* 6. Aufl., Berlin: Akademie 2002.

WIDDERSHOVEN, Guy A. M.: *The story of life: Hermeneutic perspectives on the relationship between narrative and life history.* In: Ruthellen Josselson und Amia Lieblich (Hg.): *The narrative study of lives.* Bd. 1. Newbury Park: Sage 1993. S. 1-20.

WILLEMS, Herbert u. Alois HAHN (Hg.): *Identität und Moderne.* Frankfurt am Main: Suhrkamp 1999.

ZIMA, Peter V.: *Theorie des Subjekts.* 3. Aufl., Tübingen und Basel: A. Francke 2010.

Onlinequellen

http://www.duden.de/rechtschreibung/Identitaet,

abgerufen am 08.10.2012.

http://www.kulturglossar.de/html/p-begriffe.html#projektarena,

abgerufen am 10.01.2013.

www.urbandictionary.com/define.php?term=mod,

abgerufen am 10.03.2013

http://de.wikipedia.org/wiki/Müßiggang,

abgerufen am 14.03.2013.

Rezensionen und Interviews

DIEZ, Georg (17.03.2002): *Christian Kracht: Faserland.* In: *FAZ* Nr. 11 / S. 26.

HALTER, Martin (29.04.1995): *Champagner bis es Kracht. Christian Krachts* Faserland *oder: Mit „Tempo" durch Deutschland.* In: *Tages-Anzeiger* Nr. 17 / o.A.

HEIDENREICH, Elke (08.10.2001): *Nichts wird je wieder gut.* In: *Spiegel* Nr. 41 / o.A. In: http://www.spiegel.de/spiegel/print/d-20289393.html.

KREKELER, Elmar (22.09.2008): *Christian Kracht bringt Krieg in die Schweiz.* In: *Die Welt* online: http://www.welt.de/kultur/article2476705/Christian-Kracht-bringt-Krieg-in-die-Schweiz.html.

LANGE, Wolfgang (23.10.2001): *Snob auf Morgenlandfahrt. Christian Krachts hyperrealistischer Roman „1979".* In: *NZZ* Nr. 246 / S. 35.

SPIEGEL, Hubert (09.10.2001): *Wir sehen uns mit Augen, die nicht die unseren sind.* In: *FAZ* Nr. 234 / S. L1

STERN online (22.10.2001): „1979". *Kracht beerdigt die Popliteratur.* In: http://www.stern.de/kultur/buecher/1871979171-kracht-beerdigt-die-pop-literatur-71699.html.

Interview mit der *BERLINER ZEITUNG* (19.07.1995): *Die legendärste Party aller Zeiten.* In: http://www.berliner-zeitung.de/archiv/christian-kracht-ueber-seinen-roman—faserland---ueber-gruenofant-eis--busfahrer-und-die-spd-die-legendaerste-party-aller-zeiten,10810590,8977400.html.

Zeitfracht Medien GmbH
Ferdinand-Jühlke-Straße 7
99095 Erfurt, Deutschland
produktsicherheit@kolibri360.de